KGUP série

社会文化
理論研究

Sociocultural theory research

関西学院大学研究叢書　第 163 編

〈社会的なもの〉の運命

実践・言説・規律・統治性

田中耕一

Koichi Tanaka

関西学院大学出版会

〈社会的なもの〉の運命——実践・言説・規律・統治性

目次

序論　〈社会的なもの〉をどのように考えるか

「福祉国家の危機」が叫ばれて久しい。オイルショック以降の先進資本主義諸国の変容――資本主義経済のグローバル化に対応した、いわゆるネオリベラリズム的政策への転換――のなかで、少なくとも第二次世界大戦後の先進資本主義諸国の理念として機能してきた福祉国家すなわち〈社会的〉国家[1]という枠組みは、その根底から大きく揺さぶられることになった[2]。

その結果、一方では、たとえば「社会などというものは存在しない」[3]（マーガレット・サッチャー Margaret Thatcher）ということばに象徴されるように、〈社会〉や〈社会的〉であることが、あたかも諸悪の根源であるかのごとく非難されるとともに、他方では、「社会的なものの終焉」（Baudrillard [1978] 2007 : 79–94）[4]や「社会的なものの死」（Rose 1999 : 100）などといった問題がさかんに議論されるようになり、さらにはそこから、市場原理主義や個人化の進行、格差や貧困といった問題に対抗する理念として、〈社会的なもの〉がふたたび呼び出される[5]、というような状況にあるように思われる。すなわち〈社会的なもの〉のありようは、それに対してどのような態度をとるかの違いはあるにせよ、大きな問題と関心の焦点になってきているようにみえる――もちろん現実には、このような意味での〈社会的なもの〉はいまや風前の灯火となってしまっているのだが。

しかしながら、このような文脈で、〈社会的なもの〉が指しているとされる内容、つまり福祉国家的あるいは社会保障的なものは、たしかにある意味で、〈社会的なもの〉にとって本質的な要素であるようにもみえるが、同時に一つの側面に過ぎないようにもみえる。もちろんそこには「〈社会〉主義」との関連で、このような意味あいが政治的に抑圧されてきたとか、忘れ去られたという事実があるにしても、やはり、〈社会的なもの〉をこのような意味に限定することには、ある種の躊躇を感じざるをえない。このような意味のゆらぎ自体が、そもそもわれわれにとって——一般にという意味でも、社会学にとってという意味でも——自明なもののようにもみえるし、また空虚なもののようにもみえる〈社会的なもの〉のありようについて、あらためてその意味と内実を問い直す必要があることを示しているといえるのではないだろうか。

1　〈社会的なもの〉の死？——福祉国家と資本主義の結びつき

たしかに、二〇世紀の（少なくとも戦後の）先進資本主義諸国を特徴づけてきたのは、ケインズ主義的な市場経済への介入にもとづいた、国民の福祉 wellbeing の向上と保障をめざす「〈社会的〉政策 Social Policy」（雇用・所得・医療・教育などの保障）であったことを考えれば、〈社会的〉という語が、そのような政策や理念を指すものとして使われることは、まったく自然なことであろう——というよりも、一般に〈社会的〉という語が無色透明なことばとして使われ、単独ではこのような意味を喚起せずに使われていることの方が、むしろ不自然ですらある。その意味では、〈社会的なもの〉についての学問であるはずの社会学が、そのような本来の意味を「忘却」してきたことこそが問題なのだという市野川容孝の指摘（市野川 2006：35-41）は正しい――もちろんそれが自らを一九世紀以来の思想的なライバルであった「社会主義」と区別するためであったにせよ。市野川は、〈社会的なもの〉の系譜をルソー Jean-Jacques Rousseau にまでさかのぼり、平等の原理にもとづく規範的な概念として再建しようとする。

> 「社会的 social」という言葉は、ルソーによって初めて「契約」という言葉に接続されたのであり、しかもこの社会的な契約にルソーが託したのは、平等という自然的事実の確認ではなく、自然的不平等を超えて、あえて平等を創出するという課題だったのである。（市野川 2006：101）

だがしかし、二〇世紀の（少なくとも戦後の）先進資本主義諸国を、このような「〈社会的〉政策」のみによって、つまり福祉国家という側面だけで特徴づけるのは、いうまでもなく一面的である。少なくともこのような側面は、明らかにそれとセットになったもう一つの側面――フォーディズムによって象徴される「組織化された資本主義」（Wagner 1994：82）の側面――をもっているし、この両者は不可分に結びついているということを忘れてはならない。資本と労働の対立と闘争を制度化し、飼い馴らし、そしてあいまいにすることによって、両者は「天国での結婚のように、だれにもじゃまされることのない結合へと結びつけ」(Bauman 2001 : 21=2008 : 36) られ、生産と消費はともに相手を高めあう循環的運動(大量生産と大量消費)として作動していくことに成功した。

しかしながら、そのためには、労働者はまずは有能な労働者となるために教育されなければならないし、失業や、病気・事故や、加齢などのリスクに対処しなければならない。このような「組織化された資本主義」にとって不可欠な側面を担い、それによって国民を有能な労働者として大量に動員するとともに、国民(労働者)の側からみれば、「安心して」「さまざまなリスクに煩わされることなく」労働に専念できる条件をととのえることによって、資本と労働が安定的で長期的に結合するための後ろ盾となったもの、それこそが福祉国家あるいは〈社会的〉国家という側面にほかならない。いわばわれわれは、社会保険や福祉サービスによってリスクに対処できるおかげで、「後顧の憂いなく」労働へと動員され、駆り立てられてきたということになる。

したがってまた、一つの側面としての福祉国家の危機は、まさにもう一つの側面としての資本主義そのものの変容と深く結びついている。一方で、資本主義経済のグローバル化によって、もはや資本が国家や労働者としての国民と必然的に結びつく必要性は低下してきているし(生産拠点の海外移転や移民労働者の流入を想起してほしい)、さらに他方で、産業構造の変化によって、資本が労働と安定的で長期的に結びつく必要性も低下してきている。要するに、資本と労働がかたく結びつき、さらにその結びつきを福祉国家が下支えするという全体の構図自体が崩壊していることこそ、福祉国家の危機の背景にある事態であることを忘れてはならない。

それはともかくとして、たしかに福祉国家の側面と「組織化された資本主義」の側面が表裏の関係にあるとしても、それはたんに異なる二つのことがらが、たまたま結びついただけなのだろうか。それとも、両者のあいだには、それを超えた内在的な関係――文字通り、なにか一つのものの表と裏といいうるような関係――があるのだろうか。もっとはっきりいえば、〈社会的〉という用語によって特徴づけられうるのは、一方の側、つまり福祉国家の側面だけなのだろうか、それとも他方の側、つまり「組織化された資本主義」の側面もまた、何かより広い意味で〈社会的〉と呼びうるような特徴をもっているのだろうか。

ここでわれわれは、ハンナ・アーレント Hannah Arendt の〈社会的なもの〉についての議論を想起しなければならない。周知のように、アーレントは、古代ギリシャにみられる「私的領域 realm」と「公的領域」の区別から出発する。「私的領域」とは、家あるいは家政（＝オイコス）の領域、つまり動物的な意味での生命の維持と種の生存のための領域であり、必要 necessity によって生まれ、必然性 necessity によって統治されている、支配と隷属の領域であって、そこで中心となる人間の「活動 activity」は「労働 labour」である。それに対して「公的領域」とは、ポリスの領域であり、政治の領域であるが、それは必要と必然性という生命過程から自らを解放し、個性と卓越を示す「あらわれ appearance」の空間であり、共通の「世界」（仕事 work の成果である人工物）を媒介にして、ひとびとを結びつけると同時に分離する、自由 freedom の領域である。そして、そこで中心となる人間の「活動」は「行為 action」と呼ばれる。

アーレントによれば、近代を特徴づけているのは、〈社会的なもの〉の台頭であり、「私的領域」と「公的領域」のあいだに、複合的な領域である「社会的領域」なるものがあらわれてきたことにある。アーレントのいう「社会的領域」とは、もともと「私的領域」で行われていた、生命を維持するための活動が、資本主義経済の発展にともなって、政治的なものの領域であった「公的領域」に侵入してきたものであり、いわば「公的領域」が、生命維持の観点から組織化されたものである。

社会とは、ただ生命それだけのための相互的な依存の事実が、公的な重要性を帯び、純然たる生存に結びつけられた活動が、公的にあらわれるのを許されているような形式である。（Arendt 1958 : 46=1994 : 71）

したがって〈社会〉は、「その成員がただ一つの意見と一つの利害しかもたないような、一つの巨大な家族の成員であるかのようにふるまうように要求する」（Arendt 1958 : 39=1994 : 62）。つまり、〈社会的なもの〉を通して、「公的領域」に流れ込んでくるのは、もともと「私的領域」を構成していた生命の維持と種の生存という生命過程 life process そのものであり、そこで問題となっているのは、「動物の種たるヒトの一員としての存在」（Arendt 1958 : 46=1994 : 70）であるから、あらゆる〈社会〉にみられる「一様化の要求 leveling demands」や「画一主義 conformism」は、究極的には「動物の種であるヒトの一者性 one-ness」（Arendt 1958：46=1994：70）にもとづいているというわけだ。それは、人間の複数性 plurality にもとづく「行為」と、それが展開される「公的領域」とは対照をなしている。
ただし、ここで注目しておかなければならないのは、アーレントが、「社会的領域」の台頭がもたらす「一様化の要求」や「画一主義」と、近代社会がもたらした「平等 equality」の原理が通底していることを明確に意識しているということである。(6)

この近代の平等は、社会に固有な画一主義にもとづいており、人間関係の主要な様式として、行動 behavior が行為に取って代わることによってのみ可能になったのであって、あらゆる点で、古代とりわけギリシャの都市国家における平等とは異なっている。（Arendt 1958：41=1994：65）

アーレントが見抜いたように、近代の平等の原理と、一様化・画一化の圧力が通底しているのだとすれば、すでに述べた福祉国家の側面と「組織化された資本主義」の側面のあいだにも、内在的な関係があり、両者は文字通り、一つのものの表と裏といいうるような関係にあるとみることができるだろう。だとすれば、そこからわれわれは、〈社会的なもの〉について、どのような新たな視角を手に入れることができるのだろうか。たぶん、それは、よい意味でも（平等）、そして悪い意味でも（画一性）、ひとびとのあり方を均一なものとして規格化し、そのようなものとしてひとびとをつくりあげていくような（権）力として、〈社会的なもの〉を考える道筋が開けてくる、ということなのではないか。たぶん、こうした道筋の先には、ミシェル・フーコー Michel Foucault が「規律 discipline」の概念を通して明らかにしようとした問題がみえてくるだろう。ここで、われわれはほぼ、本書第二部の入口に到達したことになる。

2 社会学と〈社会的なもの〉——「記述主義」を超えて

しかしながら、このような議論に進むまえに、これまでの主要な社会学理論が〈社会的なもの〉をどのように考えてきたのか、そこに問題があるとすれば、それはどのような問題なのか、そしてその問題を解決していくためには、どのようなアイデアと道具立てが必要となるのか、といった課題に、どうしても目を向けておかなければならない。というのも、まずは（本書第一部で）このような課題に取り組むことが、翻ってその後の（本書第二部の）議論を社会学的に生産的なものとするためには、ぜひとも必要であるように思われるからである。そこでの議論の前提として、ここで述べておかなければならないこと、および第一部の諸章で展開される主要な論点は、おおよそ以下のようなものになるだろう。

まず、議論の前提として述べておかなければならないのは、少なくとも二〇世紀前半を代表するタルコット・パーソンズ Talcott Parsons の社会学理論において、〈社会的なもの〉は「規範的なもの」とほぼ同一視されていたということである。いうまでもなくそれは、〈社会的〉という語を、個人に対して外在し、拘束力（強制力）をもつ「行為、思考および感覚の諸様式」と定義し（Durkheim [1895] 1977 : 5=1978 : 54）、さらに〈社会〉を「道徳的実在 réalité」（Durkheim 1897 : x =1985 : 14）として規定した、エミール・デュルケーム Émile Durkheim の伝統に深く根ざしたものである。

パーソンズは、いわゆる「主意主義的 voluntaristic 行為論」の構想のなかで、実証主義的行為論から主意主義的行為論への重要な転換点が「功利主義のジレンマ」にあり、いわゆる〈社会的〉秩序の問題（「ホッブス問題」）が、このジレンマを全面的に展開したものであると主張している（Parsons [1937] 1968 : 91=1974–89 (1) : 151）。「功利主義のジレンマ」とは、目的－手段関係を核とする功利主義的行為論につきまとう独特の不安定性を指している（Parsons [1937] 1968 : 64–5, 702=1974–89 (1) : 105–6, (5) : 97–8）。つまり、実証主義の基盤のうえでは、行為を導く合理性が「内在的 intrinsic」合理性(7)のみに限定されるので、行為の目的について規定することができず、したがって複数の行為の次元（つまり〈社会〉）では、諸目的相互の関係にいっさいの秩序がないという意味で「目的のランダム性」と呼びうる状態を暗黙に想定せざるをえなくなる。さらに、ひとびとがランダムな目的を「内在的」合理性のみにしたがって追求するかぎり、暴力や欺瞞を排除することができず、その結果、現実に存在している〈社会的〉秩序を説明できなくなる、というのである。

パーソンズが「主意主義的」と呼ぶ行為論は、実証主義の枠組みを破壊することによって、このジレンマを解消するところから、姿をあらわしてくる。つまり、行為の目的はひとびとのあいだでランダムに変異するのではなく、そこには一定の秩序があるということ、つまり行為の目的の背後には、共有された（究極的）価値要素[8]があると考えなければならず、それは、直接に行為の目的を構成したり、あるいは規則（＝制度）として目的－手段関係を制御すると考えなければならないとされる。また、これによって、行為を導く合理性は、「内在的」合理性だけでなく、共有された価値要素（＝規範）によって導かれることを含んだ合理性へと拡大される。したがって、パーソンズの行為論の文脈では、まずは複数の行為の集計の次元として〈社会〉が考えられ、そこから生じる問題に〈社会的〉秩序という名が与えられ、最後に「規範的要素」が導入されるというかたちをとっており、〈社会的なもの〉と「規範的なもの」が同一視されていることは明らかである。

しかしながら、まさにこのような考え方こそ、つまり〈社会的なもの〉と「規範的なもの」を同一視する見方こそが、パーソンズ以後の社会学理論におけるもっとも大きな争点であったということをここで強調しておかなければならない。第一部第二章で取り上げるように、まずは、レイベリング labeling 理論やその後継者たる（社会問題の）社会的構築主義が提起した重要な論点の一つは、道徳的な規範や規則（だけ）によっては、そもそも逸脱行動なるものを定義することと自体ができないということであった。

> レイベリング理論が拒絶したのは、ある行為を、社会のメンバーがそれをどのように認知し取り扱うかとは独立に、規範や価値を基準にして、逸脱として同定することができるという考え方であった。（Spector and Kitsuse 1987 : 60=1990 : 95）

ハワード・ベッカー Howard S. Becker は、逸脱が社会的規則に対する違反行為であると素朴に前提して、その原因を問うてしまうことに疑問を投げかけ、そこには違反行為であるかどうかを判定 judgement するという重要なプロセス――ここで、たとえば判定される者の属性などによって、違反行為であるかどうかの判定が変わってしまう――が見落とされていることを指摘する（Becker 1963：4=1978：10–1）。たしかに、いかなる社会的規則といえども、それが解釈され適用される状況や文脈から完全に自由ではない――社会的規則の解釈や適用（ベッカーの用語でいえば、規則の解釈や適用による行為の判定）は、ある行為を行う者と、その行為に反応し、それを解釈し、判定する他者とのあいだの相互行為的な交渉ややりとりの結果としてはじめて決まっていく、「政治的」なプロセスを含んでいる。したがって「逸脱とは、その行動に対する、他のひとびとの反応を含んだ過程の産物である」（Becker 1963：14=1978：23）と考えなければならない。

このような議論の道筋は、さしあたり妥当であるようにみえる。だがしかし、むしろここには大きな罠が待ちかまえているのではないかという問いが、本書第一部の諸章を一つの方向へと導いていくことになるだろう。というのも、レイベリング理論や社会的構築主義が、規範主義――逸脱は社会的な規則への違反として定義可能だとする立場を便宜的にこう呼んでおこう――に対して向けた批判は、じつは自らの主張――逸脱かどうかの判定は相互行為プロセスでしか決まらない――にも、同じようにはね返ってきてしまうように思われるからである。

第一部第一章で詳しく論じるように、そもそもなぜ規範や規則に、解釈や適用、そして判定というやっかいな問題が生じるのかといえば、規範それ自身は、自らが解釈される文脈や適用される状況について、あらかじめすべてを制御する（自らのうちに書き込んでおく）ことがけっしてできないとされるからである。しかしながら、もし本当にそのような決定不可能性（パラドクス）があるのだとすれば、それを相互行為プロセスのなかに置き直したところで、問題が解決されるわけではない。なぜなら、ある行為に反応し、それを解釈し、判定する他者の行為それ自体が、再びそれに反応し、それを解釈し、判定する他者の行為に依存する……というぐあいに決定はくり延べされ、ここでも決定不可能性問題がふたたびあらわれてしまうからである。皮肉なことに、レイベリング理論や社会的構築主義の規範主義に対する批判は、そっくりそのまま自分自身に対する批判として差し戻されてしまうことになるのである。

だとすれば、じつはそもそも間違っているのは、規範主義に対して向けられた批判そのもの――少なくともその一部――だということになるのではないだろうか。第一部の諸章でくり返し出会うことになる、その誤りは、「記述主義」と名づけられるだろう――もう少し一般的な意味で「認知主義」あるいは「表象主義」と呼ぶ場合もある。われわれがここで「記述主義」と呼ぶのは、まず第一に、行為の意味（その行為が何であるか）は、その行為をしかじかの行為として記述する――行為者自身による記述であれ他者による記述であれ――ことによって、はじめて事実として構成されるとする考えであり、第二に、したがってまったく同じことなのだが、規則にしたがった行為／したがわない行為なるものも、そのようなものとして（事前であれ事後であれ）記述すること、つまり「規則の解釈」によってしか構成されえないとする考えである。すでに述べた決定不可能性（パラドクス）の問題は、このような誤った前提からのみ生じる疑似問題に過ぎないのではないかと思う。

われわれは、ヴィトゲンシュタイン Ludwig Wittgenstein にしたがって「規則にしたがう」ことを「規則を解釈する」ことから明確に区別しよう。そして、規則を「行為を産出する方法あるいは（権能）力」(9)として考えること、そしてそれを行為や相互行為において（「語られる＝記述される」ものとしてではなく）「示される」ものとして考えることを提案することになるだろう。規範や規則を「記述される」領域からはみだした剰余として、「示される」領域に位置づけることは、とりもなおさず、それらを実践の領域、そして（権）力の領域に位置づけることを意味している。〈社会的なもの〉と「規範的なもの」を同一視することに、もし何らかの真理が含まれているとすれば、それは、〈社会的なもの〉が実践の領域、「示される」ものの領域、そして（権）力の領域にかかわるものとして探究されなければならないということであるように思われる。

3　〈社会的なもの〉に内在する統治――規律から調整（管理）へ？

本書第二部では、第一部を受け、フーコーの議論にもとづいて、〈社会的なもの〉を統治あるいは権力という観点から、明らかにしていこう。フーコーの関心の焦点は、まずは「規律」の問題からはじまり、「生‐権力 bio-pouvoir」とそこに含まれる「調整 régulation あるいは管理 gestion」の権力、そしてさらには「統治 gouvernement」や「統治性 gouvernementalité」の問題へと移行していく。われわれは、これらの議論のなかで、〈社会〉や〈社会的なもの〉がいったい歴史的にどのようなものとしてたちあらわれてきたのか、またそれはどのように変容してきたのか、そしてそれはそもそも「統治」なるものとどのようにかかわっているのか、さらには「自然な秩序」という概念（第二部第四章）は、このような歴史的プロセスとどのような関係にあるのかなどといった、本書の中心的な問いと論点にかかわる問題と出会うことになるだろう（第二部第五章）。

だが、そのまえに、われわれはフーコーの「規律」の概念がもつ重要な意義をあらためて確認することにしよう（第二部第四章）。フーコーは「規律」の概念によって、おおよそつぎのような問題を取り上げている。まず第一に、規律は、もともと法がそうであったように、何かをさせない（禁止し、抑圧し、排除する）力ではなく、むしろ何かをさせる（積極的にある特定の行動や関係を実現させる）力であること。第二に、この技術は、ひとびとを個人へと（あるいはさらに個人をその要素へと）分解し、個々の身体に照準をあわせるとともに、個々の身体の力を奪うのではなく、むしろ身体の力を引き出し、強化し、増大させることを目指しているということ。したがって第三に、規律は、一方で個々の身体の力を増大させるとともに、他方でそれらの服従をも強化するという、いっけん矛盾する要請に直面しているということ——一般に、個々の身体の力が増大すればするほど、それらを支配したり服従させたりするのは困難になるはずだから。

個々の身体の力の増大と服従の強化、この二つの矛盾する要請に応えるところにこそ、規律という権力のもっとも重要な特性がある。そしてこの二つを媒介し、結びつけるもの、それこそが「自然な秩序」という概念であることが明らかになるだろう。「自然な秩序」（自然な身体）を媒介とすることによって、強化され増大させられる、個々の身体の力は、野性的で無秩序な力（暴力的な力）ではなく、水路づけられ、秩序づけられ、構造化された力、すなわち「能力」へと変換される。他方で、被支配や服従も、単純に命令にしたがうことではもはやなく、むしろ、行動の可能性が秩序づけられること――あらかじめ構造化された選択肢によってコード化されたり、一定の基準や尺度によって評価可能であるというような――へと変換される。これによって、個々の身体の力と服従は、相互に強化しあう関係あるいは運動であることが可能になる。したがって、規律は、一般にそう思われているのとは違って、かならずしもひとびとを単純に画一化していくような力ではない。そこで問題になっているのは、むしろ「秩序づけられた多様性」あるいは「構造化された複雑性」（ルーマン Niklas Luhmann）の増大であり、より高度な秩序化によって、より多様な要素を構造化し、自らの秩序のなかに取り込み、そしてまたさらなる多様化を可能にしていくというような関係あるいは運動であるとさえいえる。

第二部第五章で取り上げるように、フーコーは、規律を含む、より広い「生‐権力」――さまざまな力を阻止し、抑圧し、禁止し、最終的には破壊する（殺す）権力ではなく、まったく反対に、生を管理し gérer、さまざまな力を引き出し、産出し、増大させようとする権力――の概念を提起するとともに、そこで「調整あるいは管理」と呼ばれる、規律とは異なる権力テクノロジーに注目していく。それは、規律のように、個々の身体に対してはたらくのではなく、かたまり masse としての多数の人間の集合態、すなわち「人口 population」に対してはたらくもので、規律と同様に、さまざまな力を最大化することを目的としているけれども、その道筋が異なっている。つまりそこで目指されるのは、セキュリティ・メカニズムを配置し、生命の状態を最適化することであるとされる。

人口に照準した「調整あるいは管理」の権力は、さらに「統治 gouvernement」の概念を経由して、「統治性 gouvernementalité」という独特の用語で表現される問題へと展開されていく。たしかにこのような用語の選択は、それが国家の問題と密接に関係していることを示している。しかしながら、フーコーのねらいはむしろ、「統治」がかならずしも国家と必然的に結びついているわけではないということにある。「統治」はもともと「ひとびと（の行動）を導く」ことであり、国家がそれを引き受けるのは、まさにひとびとの力や行動を抑圧するのではなく、むしろある方向に向けて積極的に誘導し、強化していくことが権力の主要なねらいになること、つまり「生‐権力」への転換がなされる、近代という時代に固有のことがらなのである。フーコーは、それを「国家の統治性化」と呼んでいる。

「国家の統治性化」と呼ばれる歴史的プロセスにおいて注目しなければならないのは、一七世紀のポリス（内政）である。第五章で詳しく述べるように、ここから明らかになるのは、そこで「人間たちの相互的な共存のあらゆる形式［傍点引用者］」（Foucault 2004a : 333=2007 : 403）が、内政にとっての根本的な対象となったということである。いいかえれば、そこで内政は、〈社会的なもの socialité〉（一八世紀には明確に〈社会 société〉と呼ばれるもの）（Foucault 2004a : 333=2007 : 403）を統治の対象として「発見」したのであり、さらにいえば、〈社会的なもの〉あるいは〈社会〉と呼びうるものが、ここではじめて誕生したとさえいえる、ということにほかならない。

もちろん、それは統治によってとらえられたかぎりでの〈社会〉や〈社会的なもの〉に過ぎないのではないか、という反論は当然ありうるだろう。だがしかし、われわれはここで、〈社会〉や〈社会的なもの〉の誕生に、統治が不可分なかたちで結びついていることにあくまで注目しておきたいと思う。統治という作用とはべつに、〈社会〉や〈社会的なもの〉そのものがどこかにあるわけではない。統治がそのような〈社会〉や〈社会的なもの〉そのものを、べつのなにものかに変形したり、あるいはそもそも抑圧しているというわけでもない。そうではなくて、〈社会〉や〈社会的なもの〉は、そもそも統治という作用によって、はじめから徹底的に満たされており、それによって構成されているということに注意しなければならない。

ところで、一八世紀になると、ポリスの体制は大きな批判を浴びて解体していく。しかしそれは、ポリス＝内政が目指そうとしたこと、つまりひとびとの活動の総体としての〈社会〉を統治の対象とし、ひとびとの幸福の増大を国力の増大に結びつけるという目的自体に問題があったからではない。そうではなくて、問題とされたのは、その目的を達成するために用いられた方法――「規制的な réglementaire 様式の介入」――であった。つまり、一七世紀の内政がその対象として発見した〈社会〉あるいは「人口」には、自然で、自律的な合理性が宿っており、そのことを無視して、「規制的な介入」

によって無理やりに目的を達成しようとしてもうまくはいかない、ということだ。ここにあらわれてくるのは、「社会の自然性」（Foucault 2004a : 357=2007 : 432）という見方である。新しい統治の様式としての「調整あるいは管理」は、このような「社会の自然性」に即して、いわばそれを利用しながら、そこから必要なもの、役に立つもの、価値のある要素を引き出し、あるいは不都合なものを相対的に切りつめていこうとする。

ここで想起しなければならないのは、規律が目指していたのも、個々の身体のもつ「自然」な力を引き出し、増幅させ、そして秩序にとって有用な何ものかへと変換することであった、ということである。規律も、そしてまた「調整あるいは管理」と呼ばれる新しい権力テクノロジー（それはまた「統治性」とも呼ばれる）も、それらが個々の身体に照準するのか、それとも人口といういわば集合的な身体に照準するのかの違いはあっても、どちらも最終的には、それらの「自然性」にねらいを定めているということ、そしてその「自然性」を増大させることによって、そこから有用性を引き出そうとしているということを再確認しなければならない。さらにわれわれはここで、統治の力としての規律と調整が、〈社会〉を「自然なもの」として編成し組織化する原理的な力としてはたらいているのだということ、したがってそのような力こそが〈社会的なもの〉そのものであるということ、このような、本書にとって重要な意味をもつ見解にたどりつくことになるだろう。

一九世紀になると、〈社会〉や〈社会的なもの〉は、ネガティブなかたちで、つまり「〈社会的〉問題」として時代の前景にせりだしてくる。そうしたなかで、規律と調整という二つの統治の力が〈社会〉のなかに拡散し、浸透し、埋め込まれ、そしてまさに〈社会〉を編成し、秩序づけていくのだということが示されるだろう。それによって、福祉国家すなわち社会的国家へとつながる道は、あくまでこのような意味での〈社会的なもの〉の拡大の先にみえてくることが明らかになる。

最後に、われわれは、再び社会学理論の水準にもどって、社会学の古典期を代表するとされているウェーバーMax Weberとデュルケームの議論が、規律や調整という問題と理論的にどのようにかかわっているのかをみていくことにしたい（第二部第六章）。そこから、ウェーバーの議論が——とはいっても、官僚制や支配の文脈ではなく、むしろプロテスタンティズムと資本主義にかかわる文脈で——、フーコーの規律の概念と大きく重なる論点をもっていること、そればかりでなく、そこから規律のもつはたらきをあらためて検討することが可能であることが明らかになるだろう。またデュルケームについては、かれの議論が、フーコーのいう調整の問題と深くかかわっており、デュルケームの〈社会〉が道徳の「自然な秩序」にほかならないこと、またそうした観点から、かれの議論のより深い意味があきらかになることを論じようと思う。

第六章の末尾で、われわれは、規律と調整という二つの統治の力の関係について、あらためて注目したいと思う。というのも、それは、福祉国家の危機（あるいは「組織化された資本主義」の終焉）が、はたして〈社会的なもの〉の危機あるいは終焉に結びついているのかどうか、もう少し一般的にいえば、現代社会の変容と、〈社会的なもの〉のありようはどのような関係があるのか、といった冒頭で述べた問題にかかわっているからである。

「管理社会が規律社会にとって代わる」（Deleuze 1990 : 241=1992 : 293）という有名な図式によって、グローバル化による福祉国家の危機、「組織化された資本主義」から柔軟で流動的な資本主義へ、あるいはフォーディズムからポスト・フォーディズムへ、などといった現代社会の変容や移行は、規律優位の時代から管理（調整）優位の時代への変容や移行と重ね合わされ、そしてまた、このような移行や変容に、〈社会的なもの〉の危機や終焉が重ね合わされていることが多いように思う。裏を返せば、規律優位の時代には、（それは福祉国家の時代であり、「組織化された資本主義」の時代であるから）何か確固たる〈社会〉が存在し、管理（調整）優位の時代には、いわば「〈社会〉なしに統治すること」（酒井 2001 : 127）が実現され、もはや〈社会〉が必要なくなってしまうというように。しかしながら、だとすると、規律と調整（管理）は、〈社会〉や〈社会的なもの〉に対してまったく正反対にはたらくということになる。少なくともそれは、われわれが本書を通して展望することのできる見通しとは、かなり異なるものであるだけでなく、福祉国家への道を準備した社会保険と調整の権力に密接な関係があることを考えれば、事実としても齟齬がある。

たぶん、規律と管理（調整）という統治の力の差異と同様に、その共通性や連続性にも十分な注意がはらわれなければならないのではないか。したがって、もし〈社会〉や〈社会的なもの〉の危機や終焉が本当にあるとするなら、それは「規律社会から管理社会へ」の変容とともに生じたというよりも、むしろ〈社会〉や〈社会的なもの〉の誕生とともに、つねにすでに自らのなかに織り込まれていたといわなければならないのではないか。たぶん、われわれは、このような結論へと導かれていくはずである。

［注］

（1）ドイツ連邦共和国基本法（第二〇条）では「……社会的な連邦国家」、フランス一九五八年憲法（前文第一条）では「……社会的な共和国」という表現が使われている（高橋編 2012：182, 289）。

（2）「七三年の転機」をめぐる日本の独特の状況（その後日本は、バブル期の「空前の繁栄」へと向っていく）については、高原（2009）を参照。

（3）"There is no such thing as society." という有名な一文は、雑誌 *Woman's Own*（一九八七年一〇月三一日）に掲載されたインタヴュー記事のなかの発言である。インタヴュー全文は http：//www.margaretthatcher.org/speeches/displaydocument.asp?docid=106689（Margaret Thatcher Foundation）で読むことができる。

（4）これを取り上げたものとして、宇城（2007）を参照。

（5）市野川（2006）や市野川・宇城（2013）を参照。

（6）市野川自身も述べているように、このことをもっともドラスティックに表明したのは、やはりニーチェ Friedrich Nietzsche であろう（市野川 2006：121–3）。

（7）パーソンズは、この用語を「象徴的 symbolic」との対比で使用しているが（Parsons [1937] 1968：210=1974–89（2）：125）、内容的には「論理的かつ経験科学的」という意味であり、「効率 efficacy の規範」（Parsons [1937] 1968：56, 651=1974–89（1）：95,（5）：21）といういい方もされている。

（8）単位行為の分析的要素（規範・目的・手段・条件）の一つである「規範」にほぼ相当する（Parsons（[1937] 1968：731–7=1974–89（5）：139–47）。

（9）「（権／能）力」という語に、いわゆる「実在論的」な含みはない。かといって「唯名論的」であるというわけでもない。そもそも実在論的か唯名論的かという区別そのものが、言語についての誤った前提から生じている区別であると思う。

第Ⅰ部　〈社会的なもの〉と社会学

第一章　実践としての行為——規範と心

エミール・デュルケーム Emil Durkheim は、『社会分業論』の有名な箇所で、いわゆる「契約の非契約的要素」の問題について論じている（Durkheim [1893] 1973:158-63=1989 上:342-50）。そこで論難の的となっているのは、個人の自由な意志のみにもとづいた契約によって、〈社会〉を説明しようとする個人主義的な社会理論（具体的には、ハーバート・スペンサー Herbert Spencer のそれ）である。デュルケームの主張は、たしかに契約それ自体は、諸個人の自由な意志にもとづいているが、契約を契約たらしめ、それによって権利と義務の関係が打ち立てられるのは、契約がまさしく一つの〈社会的〉な制度であるからだ、ということにある。

だからこそ、どのような内容でも、合意さえ成り立てば、契約が成立するというわけにはいかない。いかに自由な意志にもとづこうとも、ひとは誰かの奴隷になることを契約することはできないし、したがってそのような契約はいっさいの有効性をもたない。また、明示的には合意していない事項でも、契約が成立するためには、したがわなければならないものがある。たとえば「契約内容を明瞭に説明する義務」は、契約それ自体に書き込むことはできないが、それにもかかわらず契約成立の必須条件であるし、そのほかにも、契約にかんする法的規定や、慣例や風習にもしたがわなければならない。

このような見解は、そもそも個人の自由というものが、〈社会的〉に保証され、また制限された一つの制度であるということ、つまりそれが「制度化された個人主義」（Parsons 1977:168）であるということを考慮に入れれば、容易に了解しうるのだが、デュルケームがここで注目しているのは、個人の自由な意志にもとづく契約的な関係そのものには、けっして明示的にあらわれることはないが、それにもかかわらず、そのような関係の可能性そのものを構成し、そして現実にそれを支えているもの、いわば個人の自由の背景であり、土台でもある〈社会的なもの〉のありようなのではないか。

1　二つのデュルケーム論——〈社会的なもの〉の行方

デュルケームの考える〈社会的なもの〉が、かれの「集合意識 la conscience collective」の概念[1]のなかに集約されていることを見てとるのはたやすい。しかしながら集合意識の概念は、機械的連帯の社会（成員が互いに類似しているがゆえに結合している環節型社会）に強く結びつけられている。それに対して、有機的連帯の社会では、成員はその異質性を増し、分業によってこそ連帯しているのだから、そこでは、全体の共通性に基礎をもつ集合意識の役割は低下し、連帯は、べつの何ものかによって説明されなければならない。

タルコット・パーソンズ Talcott Parsons によれば、まさにここに、デュルケームのジレンマがある。デュルケームにとって、個人主義的〈功利主義的〉社会理論に欠如している〈社会的〉要素――それは、パーソンズのいう「価値要素」であり「規範的要素」なのだが――は、集合意識のなかに見いだすことができる。しかし集合意識は、機械的連帯の社会にのみ関係づけられているから、機能的分化の進んだ社会で、有機的連帯をもたらすものは、集合意識ではありえない。

中心的な観念は、共通の信念・感情の体系という観念なのだが、……それは、分化していない社会、あるいは機械的連帯にのみ結びつけられてしまった。かれの問題は「契約の非契約的要素」であり、それは有機的連帯にかかわるのだから、集合意識の概念は切り捨てられてしまった。（Parsons [1937] 1968 : 318–9=1974–89 (3) : 28）

しかしパーソンズによれば、その後、集合意識の概念は、特定の社会類型（機械的連帯）にのみ結びつけられるのではなく、社会類型（機械的連帯／有機的連帯）に応じて、異なる内容の集合意識が対応させられるようになっていく。いわば集合意識の復権である。『自殺論』（Durkhem [1897] 1976=1985）にみられる「人格崇拝」の概念（個人の人格そのものを倫理的に評価するという支配的な道徳感情）は、まさに機能的に分化した現代社会の集合意識にほかならないとされる。なぜならそれは、集合意識の欠如した状態、すなわち「アノミー」とは、鋭く対比されているから。

ここでデュルケームが、「契約の非契約的要素」の問題を……解決していることは明らかだ。契約や交換を統制する規範的規則の体系……は、個人の人格に対する崇拝の表明にほかならない。このことは、社会によって課される倫理的制約から、個人を解放するといったことがらではない。そうではなくて、異なる種類の倫理的制約が課されているのだ。個性［の尊重］は、社会状態の産物であり、その集合意識の産物なのである。……「契約」社会の基本的要件である自由そのものが、集合意識に積極的に関係づけられている。（Parsons [1937] 1968 : 333-4=1974-89 (3) : 47-8）

しかしながら「集合意識の復権」というパーソンズの解釈は、機能的分化の進んだ社会における連帯の可能性という、当初のデュルケームの問題設定に対して、かならずしも正面から応えるものにはなっていない。というのも、そもそもこの解釈は、機能的分化の問題をわきに押しやることで可能になっているからである。したがって、機能的分化の進んだ社会の社会統合は、それ以前の、集合意識にもとづく社会統合とは異なる原理にもとづいているのではないか、というデュルケームの着眼をあくまで重視するなら、「集合意識の復権」という解釈は、たしかに的が外れている。ユルゲン・ハーバーマスJürgen Habermas のデュルケーム解釈は、このような点に照準しているように思われる。

ハーバーマスによれば、機械的連帯の社会の場合、集合意識は、規範のもつ道徳的権威の聖なる根源として、集団の同一性を構成し、その統合を支えている。それに対して、機能的分化と社会的分業が進むと、聖なるものに結びつけられた原始的な規範的同意は、しだいにその力を弱めていく。ハーバーマスによれば、そこで重要になってくるのが、言語的に生みだされる相互主観性であり、コミュニケーション的行為によって達成される合意である。社会統合は、もはや儀礼的に遂行され、更新された規範的合意の共同性によって、直接的に保証されるのではなく、発話行為によってかかげられる妥当要求の相互主観的承認を通して維持されるようになる。

> われわれが、デュルケームの集合意識のなかに確認できるのは、コミュニケーション的行為の前言語的な根である……。……たしかにデュルケームは、宗教的シンボリズムによって樹立された儀礼実践の共同性と、言語的に生みだされた相互主観性を、十分には区別していないが。(Habermas 1981 Bd2：74=1985-7 中：253)

ハーバーマスによれば、デュルケームは、契約の義務的性格の源泉を考察するなかで、それを支える法的規制が「普遍的な利害関心」の表現としてしか正当化されえないことを見抜いている。そこには、「集合体の統一は、……政治的公共性のなかでのコミュニケーションによって獲得された同意のうえに、立てられ維持される」(Habermas 1981 Bd2：126=1985-7 中：309)という洞察がある。そしてかれは、機械的連帯から有機的連帯への移行のなかに、「合理的なものに向かう傾向」を見てとっている。ハーバーマスにとって、このようなデュルケームの洞察は、以下のような理論化の方向を予告させるのに十分なものだということになろう。

儀礼的に確保された規範的な基本同意が言語化されていくなかで、神聖な領域は魔術から解放され、その力を奪われていく。それとともに、コミュニケーション的行為のなかに存在していた合理性の潜在力が解除され、あらわれてくる。……聖なるものの呪縛力は、批判可能な妥当要求の拘束力へと昇華されるとともに日常化される。（Habermas 1981 Bd2 : 119=1985-7 下：302）

ここから、ハーバーマスがデュルケームのなかに何を読み込もうとしているかが、明らかになる。デュルケームが有機的連帯の源として探し求めていたのは、コミュニケーション的行為による妥当要求とその承認のなかで、規範的合意が、合理的に動機づけられ、再生産されるメカニズムであるというのである。ハーバーマスのいう「生活世界の合理化」である。

ところで、パーソンズの「行為の準拠枠」にとって構成的な区別は、規範的／条件的という区別である。そしてかれにとって〈社会的なもの〉と同義である「規範的要素」は、行為者に「内面化」された要素（行為者が「義務の態度」で受け容れるもの）であり、したがってけっして行為者が反省的に主題化することのできない要素である。もちろん、ある規範を反省的に主題化することは可能だが、その場合、それは「条件的要素」（かれの用語では「制度」や「規則」と呼ばれ、行為者が「利害関心的態度」で接するもの）となり、したがってあらゆる規範を「条件的要素」に還元することは、「行為の準拠枠」そのものを破壊してしまう[2]。

それに対して、ハーバーマスが「生活世界の合理化」というテーゼによって強調しているのは、規範的基礎が、コミュニケーション的行為の背景として、要求と承認という再生産の過程に入り込み、さらに最終的には「討議 Diskurs」において、その正当性が吟味されうるということにほかならない。このことを見落とすなら、近代の（広義の）合理化の過程による、規範的基礎の性格の変容が見失われ、その結果として、「社会統合」は、非言語化されたメディア（貨幣や権力）による「システム統合」と混同されてしまうことになる、というのである。

たしかに、このようなハーバーマスの主張は、近代社会における正当化の論理の記述としてみるかぎり、説得力がある。しかしながら、ここでもう一度、冒頭のデュルケームの議論を想起しなければならない。つまりかれが、「契約の非契約的要素」に注目し、契約という合意形式のなかでは明示的に語られず、むしろその背景として、それを支えるもののなかに、〈社会的なもの〉のありようを見いだそうとしていたということを。このことは、〈社会的なもの〉≒「規範的なもの」が、（ハーバーマスの意味で）合理化され、明示化された「同意」や「合意」であるというよりも、むしろそれらの背景を構成し、それらを可能にしているにもかかわらず（あるいは、だからこそ）、反省的には主題化しえないような何ものかであるということを示唆しているように思われる。したがって、われわれがここで注目していきたいのは、「規範的要素」が、あくまで非反省的なままにとどまらざるをえないという側面、つまりパーソンズの理論的含意に近い側面である。

われわれは、〈社会的なもの〉≒「規範的なもの」のこのような性質を、パーソンズにならって、さしあたり「潜在性 latency」と表現しておこうと思う。ただし、この表現は、あたかも〈社会的〉要素が、行為経過そのものとは独立に、しかも行為経過の背後に隠れていて、表にあらわれる行為経過を統制する何ものかとして存在しているかのような含みをもっており[3]、それゆえまもなく放棄されるだろう。われわれはたぶん、そのような見解とは異なる方向へ導かれていくはずだ。

2　実践的行為の構造

(1)「暗黙に知ること tacit knowing」

「潜在性」というアイデアから即座に想起されるのは、マイケル・ポランニー Michael Polanyi の「暗黙に知ること tacit knowing」の概念であろう。ポランニーによれば、「われわれは、語ることができる以上のことを、知ることができる」(Polanyi [1966] 1983 : 4=1980 : 15)。逆にいえば、われわれが知っていることのなかには、知ってはいるが、それについてうまく語ることのできないような領域がある、ということだ。たとえば、ある人の顔を十分に識別できても、その顔の詳細を語ることができるわけではないし、自転車に乗ることができても、その乗り方の詳細を語ることができるわけではない。同様に、日本語を話したり書いたりすることができても、日本語の文法について、詳細に語ることができるわけではない。一般に「技能 skill」と呼ばれうるような行為にはかならず、本人には詳細に規定することができず、それ自体としては知られることのない、暗黙の規則にしたがうことが含まれている。ポランニーは、このような知ることとの暗黙の次元を「暗黙に知ること」と名づけ、それをギルバート・ライル Gilbert Ryle にならって、knowing-what (that)（命題化された知識）ではなく、knowing-how（方法を知ること）として説明している（Polanyi [1966] 1983 : 6–7=1980 : 18–9）。

「暗黙に知ること」は、つぎのような特性をもつとされる。まず第一に、それは、何ものかからべつの何ものかへと注目する、つまり、関係する「第一項（近接項）」から「第二項（遠隔項）」へと注目する、という構造をもっているということ（Polanyi [1966] 1983 : 10=1980 : 24）。先の例でいえば、われわれは「顔の諸部分」から「顔」へ、「身体の要素的諸活動」から「目標（自転車に乗る、日本語を話す）」へと注目している。

第二に、第二項（顔、自転車に乗る、日本語を話すなど）は、「焦点的 focal 意識」のもとにあるのに対して、第一項（顔の諸部分、身体の要素的活動など）は、「従属的 subsidiary 意識」のもとにあるということ。

> ハンマーで釘を打ち込むとき、釘にもハンマーにも注意を向けるが、しかしその仕方は異なっている。……ハンマーを握る手のひらの感覚は、釘のような、注意の対象ではなく、その道具なのである……。それは、それ自体として注視されることはなく、強く意識されつつも、べつの何かが注視されている。私は手のひらの感覚を従属的に意識し、それは、釘を打ち込んでいることを焦点的に

> 意識することのなかに溶け込んでいる。(Polanyi 1962 : 55=1985 : 51-2)

したがって第三に、第一項（近接項）と第二項（遠隔項）の関係は、いわばコインの表裏のように一体化していて（「包括的存在」）、前者は、後者に注目するための道具となっており、しかも前者は、後者のなかに姿をあらわし、感知されているということ（たとえば、身体が外的事物によって感知されるとか、数学の理論がそれを用いることのなかで感知される、など）。

第四に、知識や規則が、暗黙的関係の第一項（近接項）として使用される場合、われわれは「自らをそれらのなかに注ぎ込み、自らの存在の部分として同化し、それらのなかに棲み込む（dwell in）ことによって、それらを存在論的に受容する」(Polanyi 1962 : 59=1985 : 55) ということ。ポランニーは、ある規則に「棲み込む」ことを「内面化」と呼ぶ。

> 道徳的教えを内面化するということは、それを、……暗黙の道徳的知識という近接項として機能させることによって、われわれ自身とその教えを一体化させることである。それは、われわれの道徳的な行為や判断の暗黙の枠組みとなる。(Polanyi [1966] 1983 : 17=1980 : 34)

「暗黙に知ること」の以上の諸特性から明らかになるのは、それが、知識や規則を方法や道具として使用するということと密接な関係があり、したがって実践的な行為と密接な関係があるということであろう。知識や規則をそれ自身としてみる、つまりそれらを行為の指向対象とする（たとえば、それらを分析したり正当化したり批判するなど）のではなく、べつの指向対象に向けた行為を産出するための方法や道具として、それらを使用する場合には、われわれはそれらの知識や規則に「棲み込み」、それらを「暗黙の」前提として受け容れざるをえない。使用している道具それ自身は、焦点化されることはなく、つねに「暗黙に知ること」の水準にとどまる。逆にいえば、この場合、知識や規則が「暗黙」であり「潜在」しているのは、それらがまさに「行為を産出するための方法」として使用されているからであるということにほかならない。

たしかに「暗黙に知る」といういい方には、独特のあいまいさとそれにともなう危険がつきまとっている。(4) とりわけ、そこには、何らかの知識や規範が、実際の行為経過そのものとは独立して、行為者の内部に（それが心であれ脳であれ）、無意識の領域に潜んでいるという含意、つまりパーソンズの「潜在性」の概念がもともともっていたような含意があるということには、くれぐれも注意しなければならない。なぜなら、それゆえに、パーソンズの「規範的」という概念は、行為者をその「背後から」動気づけるという意味になり、かれの当初の意図に反して、行為を外的・客観的に説明することになってしまったからである。(5) だとすれば、そうではなくて、あくまでこの概念は、何らかの知識や規範が、実践的行為のなかで、方法や道具として使用されているということに強く結びついていると考えなければならない。いいかえれば、そこでは、規範や知識は、方法や道具としてまさに使用されているがゆえに、対象としてはみえなくなっているに過ぎないのである。(6) われわれはそれを、（命題化された）知識というかたちで知る（対象化する）ことはできないが、行為においては知っている（使用している）のである。したがって、われわれはここで、パーソンズの「潜在性」の概念を、実践的行為において方法や道具として使用される規範の「暗黙性」の問題としてとらえ直さなければならない。

ところで「実践」という表現は、われわれが、規範や規則を方法や道具として使用し、それにしたがうことによって、（社会学的にみれば）さまざまな社会関係を形成したり、あるいは変更したりする、ある種の力（能力でも権力でもありうるような力）[7]を行使していること、そして逆にいえば、規範や規則がそのような実践を支えているということをあらためて再確認させてくれる。さらにいえば、このような実践は、多くの場合、言語を用いて行われる。いいかえれば、われわれは言語の知識や規則（もちろん、言語学が問題にする文法的規則や意味論的規則などの狭い意味での言語規則ではない）を実践の方法や道具として使用している。このような観点から「実践的行為」に光を当ててくれるのが、「発話行為論」の試みである。

（2）発話行為 speech act 論のジレンマ

ジョン・L・オースティン John L. Austin は、言語の役割を事態・事実の記述という点でしかとらえない見方を「記述主義的誤謬 'descriptive' fallacy」として斥け、何ごとかを言うことが、何らかの事態を記述しているのではなく、まさにある行為を遂行することになるような発言、すなわち「行為遂行的 performative 発言」に注意を促した（Austin [1962] 1976 : 6=1978 : 12）。

①　社会学原論の講義の履修者は、教室の定員を超えている。
②　これから社会学原論の講義をはじめる。

①の発言は、ある事態を記述しており、したがって真/偽を問うことができるが、②の発言は、事態を記述しているのではなく、この発言によって、まさに「講義をはじめる」という行為を遂行している。この場合に問題となるのは、真/偽ではなく、適切（felicitous ≒ happy）であるか否かである。発言者がその講義の担当教員でなかったり、時間割に指定されていない曜日・時限・教室で発言されたりすれば、この発言は不適切であり、「講義をはじめる」ことはできない。オースティンは、①のような発言を「事実確認的 constative 発言」と呼び、それに対して②のような発言を「行為遂行的発言」と呼んだ。

もっとも①も主張・報告・警告といった行為遂行的発言とみることができるし、②も「社会学原論」という講義が実際に開講されているかどうかといった点で、真/偽と関係している。そこでオースティンは、何ごとかをいうこと（発言）は、次の三種類の行為を行うことであるという。つまりa. 有意味な文を発する「発語 locutionary 行為」、b. aにより、それだけで同時に遂行される「発語内 illocutionary 行為」（命令・判決・約束・主張・依頼・同意等々）、c. 発語内行為の結果として聞き手の感情・思考・行為に影響を与える「発語媒介 perlocutionary 行為」である。そして発言がもつbとしての力のことを「発語内の力 illocutionary force」と呼んだ。

したがって、もはや「行為遂行的発言」と「事実確認的発言」という二種類の発言があるわけではない。後者も含めて、すべての発言が「行為遂行的」なのであって、発言は、世界をたんに記述しているのではなく、同時に世界を構成している「実践的行為」なのである。

オースティンによれば、このような「発語内の力」を支えているのは、「慣習的な手続き」（②の例で言えば、授業をするのは担当の教員であるとか、時間と場所は時間割で指定されているとか）である。「慣習」という多義的な概念について、ここで細かく検討する余裕はないが、[8]つぎの二点だけは確認しておきたい。まず第一に、この概念のもっとも基本的な意味あいは、「非自然的」な規約性ということにあり、したがってこの概念は、「制度」や「文化」といった、社会学になじみが深い概念と共通性をもつ。オースティンが「意味と力の区別」を強調している（Austin [1961] 1979 : 251＝1991 : 407–8）ことからみても、この概念は、言語的な意味を超える社会的な制度にねらいを定めているものと思われる（もっとも、言語的意味もまた慣習には違いないので、この区別はつねにあいまいにされる傾向があるのだが）。

第二に、この概念のもう一つの重要な意味あいは、いわば「くり返し（可能性）の秩序」とでもよびうるような性質であり、いいかえれば、それがかならずしも合理的で意志的な考量や選択の結果であるとはかぎらないという性質であろう。このような側面は、「伝統」「習慣」「しきたり」といった概念と共通性をもつ。そしておそらくこれと関連して、ある慣習にしたがっていても、それを合理的に再構成したり、詳述したりすることがかならずしもできないという性質が加わるだろう。というのも、ここでは、行為することとその理由づけとが、いわば短絡してしまっているからであり、行為の理由は、最終的には行為の累積あるいは沈澱であるとしかいえないからである。[9] ここでは、行為と慣習は、循環的な関係に巻き込まれていく。慣習は、行為の実践からうまく切り離せなくなり、実践と独立に規定できなくなる。

②の例で言えば、たとえば大学院生が講義の開始（だけ）を宣言することも不可能ではないし、指定された時間と場所以外で講義ができないわけでもない。逆にいえば、たとえ担当教員がこの発言をしても、それが発話行為の事例として述べられているとすれば、それは「講義をはじめる」という力をもたないし、仮にべつの条件、たとえば「冒頭で述べること」といった条件をつけ加えたとしても、「冒頭に」事務的な連絡を行い、その後でこの発言をすることで「講義をはじめる」ことは可能である。要するに、発語内行為が適切であるための条件（その条件を記述したものが「慣習」にほかならない）を決定することは、論理的に不可能なのである。

このような困難こそ、発話行為論をその当初から悩ませてきたジレンマであったといえるかもしれない。その裂け目は、すでにオースティンのなかにみられる。かれは、発語内行為がうまくいく（適切である）ための条件のなかに、発話者が必要な意図・考え・感情などを実際にもっているか否かといった「誠実性 sincerity」にかかわる条件を含めている。

このような条件が必要とされる理由は、オースティンが言語の「寄生的 parasitic」使用（たとえば劇、詩、ひとり言、冗談、引用などのなかで使用された場合）と呼んでいるものと関係している。このような場合をあらかじめ排除せざるをえなかったのは、発言がさまざまな「通常」でない状況において使用可能だからである。たしかにこのような場合には、発語内行為は、その「本来の」力をもたない。その理由は、そこでは言語がいわば「引用」として使用されているからだ。しかしながらジャック・デリダ Jacques Derrida が指摘したように（Derrida 1982=1988）、そもそも言語の「引用性」は、あらゆる言語使用に多かれ少なかれ不可避なものである。引用性とは、言語がまさに「くり返し可能」だということと同義であり、言語はかならず異なるコンテクストで使用可能・引用可能なのであって、一回的でくり返し不可能な言語は、もはや言語＝記号とはいえない。だとすれば、言語の「寄生的使用」は、あらゆる発話行為につきまとっているはずだ。逆にいえば、このことは、発語内行為が「適切である」ための条件（コンテクスト）を決定すること、すなわち発語内の力を支える慣習を決定するのは不可能だということを意味している。そこで、発話者が「真面目」であるかどうか、つまり発話者の「意図」によって、開かれたコンテクストを何とか閉じようとする試みがあらわれてくる。

このようなジレンマは、ジョン・サール John Searl の場合には、より矛盾に満ちたかたちであらわれているように思う（Searle [1969] 1985=1986）。一方でサールは、行為と慣習の循環性を断ち切るために、「慣習」の概念を「規則」の概念によっておきかえ、規則による行為の決定可能性を確保しようとしているかのようにみえる。ところが他方で、規則は「文の意味」の規則であるとされ、オースティンが強調した「意味と力の区別」はあいまいにされ、したがって発話行為の実践としての性格もあいまいにされていく。それと同時に、発語内の力を支える規則は、「構成的 constitutive 規則」[10]（ゲームの規則のように、意味空間をつくりあげ、その内部での活動を意味づけ、定義づける規則）であるとされ、ふたたび行為と規則は、論理的な循環に巻き込まれる。

いずれにしても、ここにあらわれたジレンマは、実践的行為（発語内行為）を可能にしている条件、あるいはその条件を記述する規範（慣習）を、実践そのものから切り離して、独立に決定することができないという可能性である。もちろんこのことは、われわれがポランニーの「暗黙に知る」という概念を検討したときに、すでに示唆されていたといえるかもしれない。「暗黙に知る」ことが、ある種の「背景的知識」のようなものであるとすれば、たしかにそれを完全に書き出すことはできないからである。しかしもしそうであるなら、実践的行為のなかで、方法や道具として使用される規範や知識が「暗黙である」ということは、そこに何らかの論理的な決定不可能性が潜んでいるということを意味しているのであろうか。あるいは、それゆえ実践とは、いわば「決定不可能な決定」であり、「暗黙である」ということは、まさにそのようなパラドクスが「隠蔽され」あるいは「不可視化されている」ということを意味しているとでもいわなければならないのだろうか[11]。そもそも実践的行為は、本当に、パラドクスに巻き込まれているのだろうか。そこで、この点について、もっとも過激な主張を検討しよう。

3　「規範にしたがう」ことと「規範を解釈する」ことの区別

（1）懐疑的パラドクス？

ソール・クリプキ Saul A. Kripke は、「規則は行為の仕方を決定できない。なぜなら、いかなる行為の仕方も、その規則と一致させることができるから」という、ヴィトゲンシュタイン Ludwig Wittgenstein の「懐疑的パラドクス」を執拗に展開する（Kripke 1982=1983）。

クリプキによれば、数学における加法というもっとも確実な規則でさえ、われわれがそれを実際に適用する際には、多くの問題が潜んでいる。われわれがいまだかつて行なったことがなく、しかもそこにあらわれる数が、これまでに行なった計算にあらわれた、どの数よりも大きいような加法の計算（われわれの経験は有限個のものであるから、このような条件を満たす例はかならず存在する）に直面するとき、実際われわれは、過去に習得したとされる加法の規則にしたがって、いかなる躊躇もなく、その答えを計算することができる。というのも、われわれが加法の規則を把握しているということの意味は、われわれが過去において、有限回の加法の計算をしたに過ぎないにもかかわらず、無限の新しい加法の問題に対して、一義的にその答えを決定しうるということにあるのだから。

しかしながらそれに対して、懐疑論者はつねにつぎのように問うことができる。つまり、われわれの加法を意味する「プラス」という語の現在の使用法は、その過去の使用法と本当に一致しているのだろうか、と。懐疑論者によれば、（上記の条件を満たす問題の例としての）「68+57」の正しい答えは「125」ではなく、「5」なのである。なぜなら、われわれは思い違いをしており、われわれが過去に「プラス」という語によって意味していたのは、「アディション」ではなく、じつは次のような関数＝「クワディション」（それを⊕という記号で表す）であったからである。その関数は、もしx,y<57ならばx ⊕ y=x+y、それ以外の場合は、x ⊕ y=5によって定義される。われわれは仮定により、この計算にはじめて出会ったのであるから、懐疑論者のこうした解釈は、われわれが過去に経験した有限個の事例のすべてについて妥当する。つまり、われわれが過去において「クワディション」ではなく、「アディション」を意味していたということを正当化する、いかなる事実も存在しない。

懐疑論者の議論によれば、私が「68+57」という問題に対して「125」と答えたとき、この答えは、暗闇のなかでの正当化されない跳躍だったのである。というのも、私の過去の心の歴史は、私はクワスを意味しており、それゆえ私は「5」というべきだった、という仮説とも同様に両立しうるのだから。（Kripke 1982 : 15=1983 : 27）

さらに、われわれが過去において、どちらの関数を意味していたかについての、いかなる事実もありえないとすれば、結局、現在においても、どちらの関数を意味しているかについてのいかなる事実もありえない。考えうるあらゆる答えに対して、それが規則にしたがった正しい答えであることを正当化することができるような規則をつねに捏造することができ、その規則こそが正しい規則なのだと主張することができる。もちろんそれらのすべてが、同等の資格で、自らの正当性を主張しうるのだから、それらのあいだの選択は決定不能であり、実際上まったく任意であるということになってしまう。したがってわれわれの規則の適用は、「暗闇のなかでの正当化されない跳躍」に過ぎないことになる。

たしかに、クリプキが主張するように、ある規則が実際にどのように作動するかは、あらゆる「他の条件（コンテクスト）」を定義する規則、とりわけ当の規則を解釈し適用するために、当の規則が存在する空間を定義するようなメタ規則＝上位規則（規則を適用するための規則）に依存している。クリプキが事例として使っている、変数の変域を指定する規則は、その典型であろう。したがって、ある規則が実際にどのような行為を許容し、あるいは許容しないかは、このような上位規則＝適用規則によって変化するし、したがってそれに依存する。たとえば、「人を殺してはならない」という明白な規則でさえ、「正当防衛」であると認められるような状況であれば、適用を除外されるし、ゲームの規則のような「構成的規則」においても、その規則を実際の状況に適用するためには、状況を解釈するための規則が必要になってくる。われわれが、このような困難を実際に感じないのは、自明視された「背景的知識」を前提としているからに過ぎない。しかし、一度このような規則の適用の問題が生じると、容易に想像できるように、今度はその適用規則の適用規則が必要となり、ふたたび……という無限背進に巻き込まれる。こうなれば、もはや論理的には、いかなる規則も、有意味に現実に適用することはできない。

このようなパラドクスは、すでに前節でみたものとまったく同型であり、クリプキにしたがうなら、規則にしたがった行為（われわれの用語では、規範を方法や道具として使用する実践的行為）というアイデア自体、存立不可能である。[12]

（2）パラドクスは存在しない

しかしながら、ここで、クリプキの「懐疑的パラドクス」が、ある決定的な区別を無視しているということに注意をはらわなければならない。それは、「規則にしたがう」ことと「規則を解釈する」ことの区別である。ヴィトゲンシュタインはつぎのように述べている。

われわれのパラドクスは、こうであった――規則は、行為の仕方を決定できない。なぜなら、いかなる行為の仕方も、その規則と一致させることができるから。答えは、こうであった――あらゆる行為の仕方がその規則と一致しうるのなら、また一致しないようにもしうるだろう。それゆえ、ここには規則との一致も不一致もないことになる。／ここに誤解があるということは、われわれがこのような思考過程のなかで、解釈につぐ解釈を行っているという事実のうちに、すでに示されている。あたかもそれぞれの解釈が、その背後にあるもう一つの解釈に思い至るようになるまで、われわれを少なくとも一瞬のあいだ安心させてくれるかのように。このことによって示されているのは、規則の解釈ではなく、規則のそのつどの適用において、「規則にしたがう」と呼び、そして

「規則に反する」と呼ぶことのうちに自ずからあらわれてくるような、規則の把握の仕方があるということなのだ。／それゆえ、規則にしたがった行為というものはみな、解釈に違いないといわれる傾向があるけれども、「解釈」と呼ぶべきものは、規則のある表現をべつのある表現で置きかえたものだけである。（Wittgenstein [1953] 1997 : 81=1976 : 162-3）

すでに多くの論者が指摘しているように（McGinn 1984 : 68=1990 : 102; Malcolm 1986 : 154-5=1991 : 283-4; 西阪 1997 : 56-9）、ここから即座に判明するのは、ヴィトゲンシュタインが「懐疑的パラドクス」を「誤解」として斥けているということだ。そしてその理由は、「規則にしたがう」ということと「規則を解釈する」ということがべつべつのことがらであり、しかも両者が決定的に異なっているということにある。いいかえれば、クリプキの懐疑、したがって懐疑主義者が主張する問題は、「規則を解釈する」際に生じる問題であって、けっして「規則にしたがう」際に生じる問題ではないということだ。ここでは、規則に対する論理的に異なる二つの態度が問題になっている。一つは、ある規則を対象として観察し、そしてそれを解釈することによって、その規則がいかなる行為を論理的に正当化し、いかなる行為を論理的に正当化しないかを決定しようとする態度である。この場合には、その規則を解釈するための規則、あるいはその規則を観察している行為を支配する規則を決定する必要が生じ、それを決定するためには、……という無限背進が生じ、結局のところ、当の規則は、あらゆる行為と一致しうるし、同様にあらゆる行為と矛盾しうるというパラドキシカルな結論が導かれる。もう一つの態度は、ある規則を自らの前提として受け容れ、したがってその規則に非反省的にしたがう態度である。そうだとすれば、クリプキの「懐疑的パラドクス」が、規則にしたがう者の視点からではなく、規則を観察し、解釈する者の視点から定式化されていることは、もはや明らかである。

たしかにわれわれは、「規則にしたがう」ということを考えるとき、あらかじめ規則を観察し、あるいは解釈して、しかるのちにそれにしたがう（あるいはしたがわない）という意思決定をしている、というような二段階の構成を想定しがちである。したがって「規則にしたがう」ためには、「規則を解釈する」ことが、論理的に先行していなければならないとか、あるいは「規則を解釈する」ことが、たとえ「暗黙」であるにせよ、含まれているはずだし、含まれていなければならないと考えがちである。もちろんそのようなケースがあることは事実だが、だからといって、「規則を解釈する」ことが「規則にしたがう」ことの必然的な前提となっているとか、不可欠の条件となっているということではないし、ましてや両者が単一の行為のなかに含まれているということではない。というのも、その場合、われわれはあくまで二つのこと、二つの行為をしているに過ぎないからである。

そうだとすれば、実践的行為が巻き込まれているとされるパラドクスは、誤った前提、すなわちこのような二つの態度・行為が、実践的行為には含まれているはずたし、含まれていなければならないという思い違いから生じていることになる。しかもこのようなパラドクスは、じつは実践的行為そのものの災禍ではないということも、容易に了解されよう。むしろ誤った前提のもとで、実践的行為に当然含まれるとされている、規則の解釈こそが、論理的なパラドクスを招き入れるのだから。

このような誤った前提が何であるかを見やすくするには、実践的行為が巻き込まれるとされる困難を、言語の記述主義（より一般的には、記号の表象主義representationalism）の立場から定式化してみるのがよい。オースティンが「記述主義の誤謬」と呼んで批判した、この立場にもとづけば、発言は、その発言とは独立した事態あるいは事実に言及している（「他者言及」）ばかりでなく、事実としての当の発言それ自身に言及している（「自己言及」）。先の例（②）でいえば、一方で、この発言が言及しているのは「授業をはじめる」という事実であるが、他方、その事実はこの発言そのものによって打ち立てられており、けっしてこの発言と独立に存在する事実ではない。したがって、実践としての行為遂行的発言（発語内行為）は、自らを自己言及的に構成しているということになり、言語の記述主義（記号の表象主義）の立場にたてば、そのような自己言及は認められないことになる。というのも、この立場は、そもそもあらゆる言語あるいは記号が、自分以外のものを意味する（記述する・表象する）ものであるとする立場なのだから。

したがってここで要求されているのは、その行為を観察するべつの視点、あるいはべつの視点からその行為を観察し、その行為を表象する、もう一つの行為である。これこそが、実践的行為を、外的な視点から、慣習や規範によって支えられたものとして記述しようとする行為であり、「規則を解釈する」行為である。いいかえれば、実践的行為が可能であるためには、自らを外的に観察し、記述する、異和的な視点が、それ自身のなかに含まれていなければならないことになる。これはもうそれだけでパラドクスだといえるし（自分のなかに、自分でないものが含まれているというのだから）、べつのいい方をすれば、このような観察、記述も、それ自身がやはり実践的行為なのだから、ふたたび観察され、記述されていなければならず、……という無限背進が含意されるといってもよい。

いずれにしても、ここで問題となっている困難は、まぎれもなく自己言及のパラドクスなのだということが容易に見てとれるだろう。その意味では、ニクラス・ルーマン Niklas Luhmann の議論が、全体として照準している問題もまた、まさにこのような事態なのである[13]。そしてここで、このような自己言及のパラドクスの定式化が、言語の記述主義（記号の表象主義）という、誤った前提を下敷きにしていたことを思い起こそう。そうだとすれば、自己言及のパラドクスを議論の中心に据えるということは、言語の記述主義（記号の表象主義）という、誤った前提をそのまま引き受けることになる危険と隣りあわせなのだ。もっともルーマンのためにつけ加えるなら、かれもまた、操作（＝実践）と観察を区別することの重要性を強調し、自己言及のパラドクスが、観察によって、事後的に「発見される」ものであることに注意をはらってはいるのだが[14]。

ヴィトゲンシュタインが「語る」ことと「示す」ことの区別によって、くさびを打ち込もうとしたのは、このような前提に対してであったし、オースティンが言語にかんする誤謬として拒絶しようとしたものも、このような前提であったはずだ。実践的行為が何ものかに言及する（を表象する）ばかりでなく、何ごとかを遂行するということは、あたかも何ごとかに言及する（を表象する）のと同じように、自分自身に言及して（を表象して）いるということではけっしてない。そうではなくて、そこでは、言語や記号は、自らを呈示し vorführen, present、あるいは示して zeigen, show, exhibit いるだけだ。このことは、「規範にしたがう」ということにかんしても、まったく同様である。すでにみたように、「規範にしたがう」ということは、規範に言及し（を表象し）、それを解釈することとは異なるし、またそれを必然的にともなうわけでもない。その場合、われわれは規範を「呈示し、示して」いるのであり、あるいは規範をまさに「実行 perform」しているのである。(15)

ここで問題になっているのは、記号の表象主義の破綻であり、記号は、何ものかを表象すると同時に、自らを「示す」という可能性を認めるかどうかという問題である。記号の表象主義に固執するかぎり、自らを「示す」ことは、自らに「言及する」ことと同一とされ、そこに自己言及のパラドクスが生じる。「示し」の可能性が認められるなら、自己言及＝自己観察というパラドクスは生じないし、したがってそれを解決する（クリプキの「懐疑的解決」やルーマンの「脱パラドクス化」）必要もないのである。

4　「示される」ものの領域

われわれはすでに、「解釈」というものに注目することによって、「規則にしたがう」ことと「規則を解釈する」ことが異なるものであるということ、規則にしたがうことのなかで、規則は「示される」のであって、「言及される」のではないということを明らかにした。ところで、この「解釈」への注目は、われわれを思わぬ方向へと導いていく——もっとも、ヴィトゲンシュタインにとっては、むしろこちらが主たる議論の方向であったとみる方が自然かもしれないが。それは、「心的なもの」をどのように考えるべきかという問題である。というのも、「解釈する」というのは、ふつう心的な操作だと考えられているからである。

ところで「解釈」とは何なのか。もう一度、ヴィトゲンシュタインのことばに耳を傾けよう。

それゆえ、規則にしたがった行為というものはみな、解釈に違いないといわれる傾向があるけれども、「解釈」と呼ぶべきものは、規則のある表現をべつのある表現で置きかえたものだけである。

（Wettgenstein [1953] 1997 : 81=1976 : 162–3）

ここからわかることとは、解釈とは、ある表現をほかの表現によって置きかえること、いわば翻訳することだということであり、そしてヴィトゲンシュタインの主張は、ある記号を理解すること（規範にしたがうことも同じなのだが）は、それを他の記号に翻訳することにおいて成り立っているのではないということだ。このことは、意味が、心に思い浮かぶもの、すなわち表象であるとする一般的見解の拒絶であり、さらに、心が一つの領域であり、外的対象のイメージ（映像）が占める領域であるとみなすことの拒絶である。というのも、このような見解によれば、心的作用とは、解釈作用であり、外的対象を心的映像によって置き換える作用であると考えられるから。ヴィトゲンシュタインがいうように、意味を理解することが、けっして解釈することではないとするなら、われわれは、心的作用について、少なくともこのようには考えられないことになる。

このような観点から、心についての独特の議論を展開したのは、ライルである。かれは、身体という外的で、公的で、観察可能な領域の背後に、心という内的で、私的で、内観によってのみ接近可能な領域を想定し、両者を素朴に関係づけようとする教説を「機械のなかの幽霊のドグマ」と呼び、それは、一種の「カテゴリー錯誤」なのだと主張している。つまりそれは、教室や図書館やグラウンドをみて、「大学はどこにあるのか」と問う訪問者や、競技の各役割やその遂行とはべつのところに「チームスピリット」をさがす観客と似ている。大学とは、それらの諸施設が組織される仕方であり、それらの諸施設の関係の水準にある何ものかである。そして「チームスピリット」も、競技の各役割や遂行とならぶ、べつの役割や遂行ではなく、この場合は、それぞれの役割の遂行の独特の仕方（「鋭さ」のようなもの）、つまりそのスタイルや手順のなかにある。ライルによれば、これと同様に、心的な概念が意味しているのは、身体的過程と同列にならぶ、もう一つのできごとや領域ではない。

> あるひとが心の特性を行使していると記述されるとき、われわれはその人の表にあらわれた行為や発言を結果としてもたらす、隠されたエピソードに言及しているのではなく、表にあらわれた行為や発言そのものに言及しているのである。……行為記述上の相違は、表にあらわれた行為に隠れて先行する、影の行為への暗黙の言及が存在するかどうかという点にあるのではない。（Ryle [1949]

1984 : 25=1987 : 23)

ライルはこのような問題を「理知的 intelligent」な行為（つまり心的な特性を示す行為）の問題として考察しているが、その論理は、すでにわれわれにとってなじみ深いものだ。われわれはふつう、ものごとの理知的な遂行には、規則や規準の意識的な適用が含まれなければならない、あるいはそれが先行していなければならないと想定してしまう。つまり理知的であるということは、二つのことがら（規則や規準についての考察と、それらが要求する内容の実行）を同時に、あるいは相前後して行うことであると考えられてしまう。

しかしながら、そのような規則を考察できなくても、ものごとを理知的に遂行することが可能であることは明らかだし（knowing-how）、何よりも、このような二段階の過程を想定してしまうと、規則を考察すること自身もまた一つの行為だから、したがって理知的な行為は、それに先立つ無限の理知的な行為を要求する、ということになってしまう。行為が理知的であるためには、まずなすべきことを考察するという内的作業が先行していなければならず、この内的作業を考察する内的作業がふたたび先行していなければならず、……というように。これは、明らかに背理である。したがって理知的な行為は、何をなすべきかということについて考え、その考えたことを実行するという二つのことを行っているわけではない。行為者は、ただ一つのことをしているのであって、たしかに独特の仕方や方法をともなってはいるが、独特の先行者（思考や企図）をともなっているわけではないのである。

理知的であるということが、行為と同時に、あるいはそれに先行して、何らかの心的作用がともなっているということではないとすれば、行為が理知的であるというのは、どういうことなのだろうか。ライルによれば、それは、「注意深い」「慎重な」「巧妙な」などと表現しうるような、行為の仕方のなかにあり、そのような仕方で行為できる「能力」や「技能」のなかにある――もちろん「能力」や「技能」といういい方は、そのような行為がくり返し遂行される可能性を述べているのであり、ある仕方で行為が「できる」ということ自体の背後に、それを可能にする何ものかが、行為の遂行と独立に潜んでいるという意味ではない。

「注意深い」「慎重な」「巧妙な」などと表現しうるような仕方で行為するということは、いいかえれば、行為が一定の規準を満たすような仕方でくり返し可能であるということにほかならない。その意味で、それは「規則にしたがう」ことと論理的に同じなのである。そしてすでに述べてきたように、「規則にしたがう」ことは、「規則を（観察し）解釈する」こととは区別されるし、「規則を（観察し）解釈する」ことを、あらかじめあるいは同時に、自らの前提条件として要求するわけではない。ある仕方で行為ができるということは、その仕方についての知識を命題化できるということではない。

また、「能力」や「技能」が意味する、行為のくり返し可能性とは、これらの概念が、現在の行為を超えて、将来の行為の可能性について述べているということである。ライルによれば、「できる（あるいはできない）」という語は、事実を記述する語ではなく、むしろ様相を記述する語であり、したがってここで問題になっているのは、「……しようとすればできるだろう」とか、「……の状況にあれば、……するだろう」といった、仮言的あるいは半仮言的な言明の問題なのである。したがって、ここでも「能力」や「技能」とは、行為が一定の規準を満たすような仕方でくり返し可能であるということであり、「規則にしたがう」ことなのである。(16)

このようなライルの主張が正しいとすれば、われわれの心の「文法」は、行為に先行的にともなう、内的で、私的な何ものかとして、心をとらえているのではなく、むしろある仕方で行為が遂行される可能性に関係していることが明らかとなる。そしてそのことは、心の「文法」が、規範の「文法」と共通の基盤のうえにあることを意味している。ヴィトゲンシュタインもまた、規則にしたがうということについて、それが反事実的条件文あるいは仮言的命題の問題であることを示唆している。

あなたのいう「私はそのときすでに……を知っていた」ということが意味しているのは、「1000のつぎに、どんな数を書くべきかと問われれば、1002と答えたであろう」というようなことなのである。そしてそのことについて、私は疑いをもたない。この仮定は、「かれがそのとき水に落ちたならば、私はかれを追って飛び込んだだろう」といったたぐいの仮定なのである。(Wittgenstein [1953] 1997 : 76=1976 : 153)

考えてみれば、それは当然のことであろう。というのも、すでに「理知的」であるということにかんして述べたように、心的な概念が意味しているのは、行為が一定の規準や規則にしたがっているということにほかならないのだから。たしかに、このような規範の文法と心の文法の類比性は、おおまかな意味でしか主張できないかもしれない。とりわけ、すぐに気づかされるのは、規範的なものについては、それが違背事例にもかかわらず維持されるのに対して、「能力」「技能」といった心的な概念は、違背事例によって棄却される傾向があるという相違（規範的期待と認知的期待）であろう[17]。しかしながら、われわれがここで注目したいのは、むしろこのおおまかな共通性である。つまり、規範と心は、ともに行為を生成・産出する方法や仕方であり、また行為が実践であるという意味で、ともにある種の力（それは権力でも能力でもありうるような力）であり[18]、そしてともに行為そのものにおいて（けっして言及されるのではなく）「示される」ものであるという、共通性である。

規範や心は、行為によって表象される何ものか、したがって行為が言及している何ものか、行為の背後にあって行為を支配している何ものか、などではない。そうでなくて、それらは、行為そのもののなかに、あるいは相互行為そのもののなかに埋め込まれており、そのなかで示されるものとしてある。それらは、行為それ自身と分ちがたく結びついており、したがってわれわれは、まず行為をみて、しかるのちにその行為を解釈することによって、その行為がしたがっている規範をさがしだしたり、その行為が表現している心の状態をさがしだしたりしているわけではない。むしろ、行為を理解するということ自体が、そこに示されている規範や心を了解することにほかならないのである。

［注］

（1）「集合意識」は、「ある社会の平均的メンバーに共通する、信念や感情の全体は、固有の生命をもつ一つの体系を成しており、それは、集合意識あるいは共通意識と呼ばれよう」（Durkheim [1893] 1973：46=1989 上：140）と定義されている。

（2）これらの点について、詳しくは、田中（1990a, 1990b）を参照。

（3）「潜在性」の概念が、フロイトに由来する（Freud [1905] 1981=1997）ことを考えるなら、それも当然であろう。パーソンズは、行為システムの「位相運動」にかんして、この概念を導入し、さらにいわゆる四機能要件（AGIL）の一つをLatent Pattern Maintenanceと名づけた（Parsons et al. [1953] 1981：185-90）。また、パーソンズのフロイト論としては、Parsons（[1964] 1970=1973）を参照。

（4）この点については、西阪（2008：22-9）が徹底的な議論を展開している。

（5）この点については、Heritage（1984：7-36）、田中 [1990b] を参照。

（6）規範が使用されているがゆえに対象化しえないという点については、「見られているが気付かれない（seen but unnoticed）背景的期待」（Garfinkel 1967：36）などのアイデアを挙げることができる。

（7）ここでの「力」という語に、ポランニーの「暗黙知」やパーソンズの「潜在性」が陥りやすい、いわゆる「実在論的」な含みはない。かといって「唯名論的」であるというわけでもない。後述するように、それは方法や仕方といった可能性や様相を指しており、身体や行為と同列の実体ではないという意味では、実在論的ではないが、行為や相互行為においてつねに「示され」ているという意味では、唯名論的でもない。そもそも実在論的か唯名論的かという区別そのものが、言語についての誤った前提から生じている区別であると思う。

（8）詳細に検討したものとして、たとえばLewis（1969）を参照。

（9）行為のこのような性質を強調したものとしては、落合（1987）を参照。

(10)「構成的規則」と「規制的 regulative 規則」の区別については、Searle（[1969] 1985 : 33-7=1986 : 58-63）を参照。
(11) このような表現については、Luhmann（1988 : 134, 181-2, usw., 1990 : 174, usw., 1986 : 179）などを参照。
(12) ただしクリプキは、このような「懐疑的問題」を受け容れたうえで、したがって「正面からの解決」を拒否したうえで、「懐疑的解決」なるものを提起している（Kripke 1982 : 107-9=1983 : 209-12）。
(13) 詳しくは、田中（1994）を参照。
(14) 詳しくは、Luhmann（1985 : 415, 1990 : Kap. 2 bes. 115）などを参照。
(15)「語る」ことに対する「示す」ことの古典的な範型としては、「前提する presuppose」「含意する imply」などがある。詳しくは、Strawson（1950=1987）Levinson（1983 : chap. 3-4=1990）Grice（1989 : chap. 2=1998）などを参照。
(16) ライルの言う「傾向性 disposition」とは、あくまでこのような仮言的性質を表しているのであり、心理学的に解釈してはならない。
(17) 規範の帰属先が集団や社会なのに対して、心の帰属先が個人であることは、いうまでもあるまい。
(18) 注（7）の説明を参照。

第二章　現実はいかにして〈社会的〉に構築されるのか

かつて、ハワード・ベッカー Howard S. Becker は、つぎのように述べることによって、革新的であるとともにパラドクスをはらんだレイベリング・アプローチの出立を宣言した。

逸脱とは、行動それ自体に属する性質ではなくて、ある行為を行う者と、それに反応するひとびととのあいだの相互行為に属する性質なのである。(Becker 1963 : 14=1978 : 24)

この主張が、いったい何ゆえに革新的で、しかもパラドクスをはらんでいるのか。それは、ここで、逸脱（であるかないか）という、行為そのものに備わっているはずの性質が、他の行為（者）との関係のなかでしか、つまり相互行為のなかでしか決定できないという相互行為主義的な主張が、はっきりと打ち出されているからだ。この主張を一般化すれば、いかなる行為であれ、自らで自らの意味（その行為が何であるか）を決定することはできないことになる。行為の意味（その行為が何であるか）は、論理的にも時間的にも、他の行為との関係（相互行為）を待ってしか決まらない。いいかえれば、行為とは、奇妙なことに、他の行為によって埋められなければならない大きな空洞を、自らのなかに抱え込んでいることになる。

だかしかし、もしそうだとすれば、ここでいう「他の行為」もまた、さらに後から埋められなければならない空洞を抱え込んではいないのか。ある行為の意味は、「他の行為」との関係を待ってしか決定できないが、その「他の行為」もまた行為である以上、その意味は、またしても「べつの他の行為」との関係を待ってしか決定できない……。これでは、きりがない——明らかな背理（無限背進）ではないか。

とはいっても、じつはベッカーの立場が、それほど徹底的で破壊的ではなく、むしろかなり折衷的であったことも、すでによく知られている。実際ベッカーは、前記の文章の少し前で、はっきりとつぎのように述べている。

> ある行為が逸脱であるかどうかは、ある程度は、その行為の性質（つまり規則を破っているかどうか）に依存し、ある程度は、他のひとびとがその行為にかんして何を行うかに依存している。
> (Becker 1963 : 14=1978 : 23)

ここでベッカーは、すでに述べたような破壊的な帰結を避けて、ふたたび、失われた行為の内在的性質（行為そのものに備わっている性質）を部分的に呼び出し、取り戻そうとしている。行為は、いわば完全な空洞なのではなく、部分的な空洞であるに過ぎない——たしかに行為（の意味）は、他の行為（者）によって補完されなければならないが、それはあくまで補完であって、完全に他の行為（者）に依存しているのではない、というわけだ。なるほど社会学者としては、健全で穏健なバランス感覚かもしれない。だがしかし、このような「後退」が、相互行為のなかに霧散してしまう行為の意味を、自らの存在につなぎとめようとする試みであることは、明らかだ。だとすれば、相互行為のなかに解き放たれた、行為の意味構成とは、たんに二次的で、補足的なものに過ぎないのだろうか。もしそうだというなら、レイベリング理論の出立宣言は、それこそ偽りのスローガンに過ぎなかったのだろうか。

たいへんなジレンマである（かのようにみえる）。レイベリング理論の革新性を本気で追求するなら、その力はあまりに強すぎて、自らをも破壊してしまう。だからといって、逆にその力を少しでも制限しようとしたとたん、力そのものが急速に失われてしまう。

このようなジレンマこそ、レイベリング理論の後継者たる、（社会問題の）社会的構築主義にもつきまとう悩みの種であったといってよい。たしかにこのジレンマは、少なくとも論理的には、解決困難なジレンマにみえる。もし本当にそうなら、対応策は二通りしかない。勇気を出して、このジレンマを受け容れるか（しかしいったいどうやって？）、それとも何らかのかたちでこのジレンマを回避あるいは無視するか、である。

そうだとすれば、すでに言い古されたこのジレンマを、あえてここで取り上げることに、いったいどのような意味があるというのだろうか。ふたたび不毛な議論を蒸し返すつもりなのか——そうではない。ここで考えてみたいのは、このようなジレンマが、はたして本当のジレンマなのかどうか、ということだ。

たぶん、うまくいけば、このようなジレンマは、たんなるみせかけのジレンマに過ぎないということを明らかにすることができると思う。ジレンマを受け容れるか、それとも回避・無視するか、が問題なのではない。そのようなジレンマや不可能な選択に直面しているかのようにみせかけているもの、しかも社会的構築主義に内在している要因、それこそが問題なのだ(1)。

1　構築主義論争の始まり――「オントロジカル・ゲリマンダリング」をめぐって

周知のように、マルコム・スペクター Malcolm Spector とジョン・キツセ John I. Kitsuse は、客観主義アプローチとの折衷によって輝きを失ってしまったレイベリング理論(2)を、その革新性にたち戻って、「定義主義アプローチ」として再生しようとした。それが、社会問題の構築主義にほかならない。

社会問題の社会学は、社会のメンバーのパースペクティブを出発点とし、とくに、社会問題を定義しようとするクレイム申し立て活動に照準しなければならない……。……社会問題や逸脱を研究する社会学者は、社会の状態をどのように定義し、それについて何がなされるべきかにかんしてなされる、クレイムを申し立てるグループと、他のグループとのあいだの相互作用を関心の中心に据えるべきだ、とわれわれは提案する。(Spector and Kitsuse [1977] 1987 : 72=1992 : 112)

スペクターとキツセによれば、「クレイム申し立て活動」とは、何らかの「想定された状態」にかんする不満や要求を主張する個人やグループの活動であり、社会問題とは、まさにそうした活動によって、〈社会的〉に構築されるものにほかならない。したがって社会問題の社会学の主題は、ひとびとが行う「クレイム申し立て活動」そのものであって、客観主義アプローチとは違って、申し立てられたクレイムの真偽(つまり「想定された状態」が本当に存在するかどうか)は問題にならない。

このような試みに対して、もっとも影響力の大きい批判を展開したのが、スティーブ・ウールガー Steve Woolgar とドロシー・ポーラッチ Dorothy Pawluch であった。

かれらによれば、社会問題の構築主義は、社会問題を何らかの客観的な状態とみなす伝統的思考から決別し、社会問題を、社会のメンバーが定義し、構築する活動(クレイム申し立て活動)としてみていこうとしている。だが、それにもかかわらず「これらの作品のすべてが、自分たち自身でクレイムを、つまりけっしてその真理値が問われることのないクレイムを申し立てている」(Woolgar and Pawluch,1985 : 215=2000 : 20)。つまり構築主義者自身が、その看板とは裏腹に、客観的な状態についてのクレイムを申し立ててしまっている、というのである。その意味で構築主義者は、自らが批判しているはずの、あるいは分析の対象として自らとは一線を画しているはずの、客観的な状態についてのクレイム申し立て活動を自ら行っているということになる。

たとえば、「マリファナ」を「嗜癖的」なものとして定義するかどうかという定義上の変化に注意を促して、その変化が説明を必要とする現象であると語るときに、その背後で「マリファナの性質」の不変性が仮定されたり、あるいは、「子どもを殴ること」を「児童虐待」として定義するかどうかという定義上の変化に注意を促して、その変化を社会的‐歴史的状況によって説明しようとするときに、「子どもを殴ること」が、いつの時代も大きな変化なく行われてきたという、客観的な行動や状態についての定義が、明示的であれ暗黙にであれ、下されているというのである。たしかに、「子どもを殴ること」が「児童虐待」として定義されるかどうかは、客観的状態についてのクレイムとして扱われているのに対して、「子どもを殴ること」というのも客観的状態についてのクレイムなのだということは、無視されている。

ウールガーとポーラッチによれば、このような説明様式においては、一方における状態の不変性と、他方における定義の可変性が対照化されている。つまり、状態は変化しないにもかかわらず、状態の定義の方は変化しており、それは、何らかの社会的状況（の変化）の結果であるとされる。たしかに、状態が変化しないというのは、客観的な状態についての一つの判断である。社会的構築主義の方針にしたがえば、客観的な状態についての判断は差し控えなければならないはずなのに、実際にはそれが行われている。社会のメンバーの判断は、クレイム申し立て活動として扱われているのに、自分たちのしている判断は、同様にクレイム申し立て活動であるにもかかわらず、隠蔽されているというのである。

問題であると理解されるべき前提と、そうでない前提とのあいだに、このような恣意的な境界線を引くこと、あるいは、ある領域は存在論的な疑いをかけられるものとして、べつの領域は存在論的な疑いをまぬがれるものとして描くこと、そのようなレトリック上の戦略が「オントロジカル・ゲリマンダリング」と呼ばれる。

結局のところ、構築主義的なアプローチは、客観的な状態について直接的に語ろうとする伝統的アプローチを批判して、それについてのひとびとの定義や構築のありようや過程を、研究の主題にしようとするのだが、そのような主題を際立たせるために、その背後で、客観的な状態についての判断を下さなければならなくなっているということだ。その意味で、定義主義的アプローチもまた、それが批判し、決別しようとするものから抜け出すことはできないし、それらと同列に並ぶものでしかない。いいかえれば、構築主義もまた、ひとびとのクレイムと同列であるのに、自らには構築主義を適用しないで、社会学的な分析としての自己の地位を確保しようとしている、ということになる。

2　厳格派の立場――イバラとキツセによる再定式化

ウールガーとポーラッチの批判によって、構築主義の陣営は、この批判に対応しようとする「厳格派」と、そうでない「コンテクスト派」に分かれていく。ここでは、「厳格派」のピーター・イバラ

Peter R. Ibarra とキッセ（Ibarra and Kitsuse 1993=2000）の議論を検討しよう。(3)

イバラとキッセが何よりも強調するのは、社会のメンバーと、社会学者の区別であり、社会のメンバーによる実践的な企てと、社会学者による分析的・理論的な企ての区別である。それによって、構築主義的分析が、客観主義的分析と同列ではなく、いわば論理的に異なった水準にあるということを示そうとする。このような主張の背景にあるのは、アルフレッド・シュッツ Alfred Schutz の議論（Schutz [1962] 1982=1983）であり、それにもとづいたドン・ジンマーマン Don E. Zimmerman とメルヴィン・ポルナー Melvin Pollner の再定式化（Zimmerman and Pollner 1971）である。シュッツは、つぎのように述べている。

> それ［社会的世界］は、そこで生き、思考し、そして行為しているひとびとにとって、特有の意味とレリバンスをもっている。かれらは、この世界を、日常生活の現実についての一連の常識的な構築物によって、あらかじめ選択し、あらかじめ解釈している。……社会科学者によって構築された思考対象は、仲間とともに日常生活を生きるひとの常識的な思考によって構築された思考対象に言及し、またそれにもとづいている。したがって、社会科学者によって使用される構築物は、いわば第二次的なもの、すなわち社会的な場面にいる行為者によってつくられた構築物についての構築物なのであって、そういう行為者の行動を、科学者は……観察し、説明しようとするのである。
> （Schutz [1962] 1982 : 6=1983 : 52）

社会のメンバーによる常識的な意味構成である第一次的構築と、それを対象とした、社会学者による科学的な意味構成である第二次的構築を区別するという発想は、ジンマーマンとポルナーによって、社会学的探究の「主題 topic」と「資源 resource」の区別として再定式化される。

かれらによれば、社会学的探究は、社会のふつうのメンバーによって、常識的な仕方で認知され記述された現象に向けられているが、「……そうした常識的な認知と記述は、それによって利用可能になった現象を、社会学者が分析するための根本的に疑問視されない資源として使われてしまっている」(Zimmerman and Pollner 1971 : 81)。

もちろん一般に、社会学的研究は、常識的な認知や記述に対してかなり批判的な態度をとることが多いが、しかしその批判は、常識的に認知され記述された現象・対象・状態などが、認知や記述という営みとは独立に、客観的なものとして存在しているという前提にまではおよばない。むしろそのような前提は、実証主義的な社会学を支える前提そのものでもあって、したがって常識的な認知や記述が、いかにして何らかの現象・対象・状態を、客観的に実在するものとして構築するのか、という問題が考察されることはない。その意味で、「日常生活の世界は、……それ自体として、主題となることはほとんどない」(Zimmerman and Pollner 1971 : 80) し、社会学は、本来主題として取り組むべきものを、そうしないで、自らの説明実践のための資源として利用してしまっている、というのである。

われわれが提案するのは、メンバーの実践的探究の主題への伝統的な関心を留保し、しろうとのものであれ職業的なものであれ、実践的探究それ自身への研究に、もっぱら重点を置くよう促すことである。(Zimmerman and Pollner 1971 : 83)

ここまでくれば、社会のメンバーによる実践的な第一次的構築と、社会学者による分析的・理論的な第二次的構築を区別し、再帰的に関係づけようとする、つぎのようなイバラとキツセの主張は、ごく自然な流れのなかにある。

メンバーと社会学的分析者を区別することが重要なのは、構築主義者がつぎのような見解をもっているからである。つまり、メンバーが言語的な生産物と活動（シュッツの用語でいえば、第一次的構築）を提供することにより、今度は社会学者がそれを（実践的なものと対立するものとしての）理論的な吟味（すなわち第二次的構築）にかけることができる、というものだ。社会問題とは、メンバーのさまざまな方法からなる社会的相互行為という論理的階層の方を指しており、その方法は、シンボリックに構築され、道徳的に非難される相互主観的な存在を定式化したり、記述したり、解釈したり、評価したりするための方法であって、しかもそれは、社会学者によって、分析的に再構築可能なものなのである。(Ibarra and Kitsuse 1993 : 28=2000 : 52)

たしかに、ウールガーとポーラッチの直接的な批判は、構築主義者が、その看板とは裏腹に、客観的な状態についてクレイムを申し立てており、その意味で、構築主義者が分析の対象としている、社会のメンバーによるクレイム申し立て活動と結局同じことをしているのだ、ということにある。したがって、社会のメンバーによる構築と、社会学者（構築主義者）による構築とを性質上区別する（実践的なものと、理論的・分析的なもの）ことによって、構築主義者の主張が自らに適用されてしまうことを防止しようというアイデアは、たしかに理解可能である。それと同時に、まったく同じことだが、何とか客観的な状態から身を引くことが必要になり、そのような観点から、「想定された状態」を「状態－カテゴリー condition-category」という概念[4]で置きかえようとすることも、理解不可能ではない。

これによってたしかに、社会のメンバーの構築が言及している「客観的な状態」は、少なくとも分析者による第二次的構築のなかでは、メンバーの構築に内在的な要素に置きかえることができる。したがって、疑わしいとされた「客観的な状態」への言及は、社会のメンバーによる第一次的構築のなかに閉じ込められ、それを構築主義者の二次的な構築が間接的に引き受けることは防げるかもしれない。しかしながら、むしろウールガーとポーラッチは、そもそも可変的な構築について語るためには、構築される側の「客観的な状態」の同一性を、構築主義者自身が直接に仮定しなければならない、と批判しているのだから、その点では、あまり有効な反論にはなっていない。

もちろん、「コンテクスト派」はともかく、「厳格派」は、構築の可変性を少なくとも明示的に主張することはないし、純粋に社会的構築の過程それ自身（言説＝ディスコース）のみを分析するのだということは、可能かもしれない。しかしながら、もしそうだとするなら、今度はそこに、研究対象のシフト、問題設定の水準のシフトが生じてしまうのではないか、という疑念が浮かんでくる。社会問題についての言説（ディスコース）の研究が、はたしていかなる意味で、社会問題の研究といえるのであろうか。それは、あくまで言説（ディスコース）の研究であって、社会問題の研究とは、問題設定の水準が異なるのではないか。(5) このような疑念は、構築主義者がいうように、たんにわれわれが素朴な客観主義にとらわれている証に過ぎないのだろうか。

たしかに、社会問題（にかぎらず、あらゆる社会事象）が、何らかのかたちで〈社会的〉に構築されていると考えることは、まったく正当である。さらにいえば、それらが言説（ディスコース）によって構築されており、したがって言説（ディスコース）を研究することが、社会問題（にかぎらず、あらゆる社会事象）を研究することと等価なのだという主張でさえ、ある意味では、まったく正当であるといってもよい。だがしかし、あくまでそれは、言説（ディスコース）や〈社会的〉な構築というものが、どのようなものとしてとらえられているかという問題に、全面的に依存している。

すでにみたように、イバラとキツセは、社会のメンバーによる実践的な第一次的構築と、社会学者による分析的・理論的な第二次的構築を分離し、それによって、疑わしいとされた「客観的な状態」なるものの感染から、自らの身を守ろうとした。こうしてかれらは、つぎのように主張することができるようになった。つまり、構築主義者は、社会のメンバーが客観的状態（事実）の記述だと思ってやっていること（なぜなら社会のメンバーは、素朴実在論の立場にたっているのだから）が、じつは事実を事実として〈社会的〉に構築するという実践にほかならないのだと（第二次的構築のなかで）「いいかえる」ことができる、と。しかしながらその結果、構築主義者の分析対象としての言説（ディスコース）は、社会のメンバーの記述（社会のメンバーの立場からは記述にみえるもの）に限定され、しかも言説（ディスコース）が実践であるということの内実は、記述こそが事実を事実として〈社会的〉に構築するのだという主張に限定されてしまう。

もしこのような主張が正しいとするなら、研究対象のシフト、問題設定の水準のシフトという疑念は、われわれが誤って、社会のメンバーの視点にたち、素朴実在論の立場にたっているから生じるのだ、ということになるだろう。だがしかし、それは、記述こそが事実を事実として〈社会的〉に構築するのだという構築主義の主張が正しいかぎりにおいてでしかない、ということを確認しておこう。もしこの主張が正しくないとするなら、事態は、まったく違ったものとなるはずだ。

3　分析的構築主義——再帰性の社会学？

先を急ぐまえに、イバラとキツセの延長線上で、再帰的なアプローチをより徹底させようとする試みについてみておかなければならない。ポルナーは、社会問題の構築主義を、「再帰性に照準して、『客観主義』の立場から決定的に決別」（Pollner 1993 : 199）するものとして、肯定的に評価しつつも、再帰性の問題が、[6]依然として十分ラディカルには取り扱われていない、と主張する。

かれは、構築主義を「日常世界的 mundane あるいは客観主義的な形式」と「構成的な constitutive 形式」に区別し、[7]さらに後者を「主題的な topical 構築主義」と「分析的な analytical 構築主義」に区別している。構築主義の「日常世界的あるいは客観主義的な形式」は、分析的に特定可能で客観的な秩序を前提としており、そのような前提のもとでは、構築主義は、客観的な秩序の「主観的」あるいは「解釈的」側面を取り扱うものとして位置づけられる。したがって客観主義的な構築主義にとっては、そもそも再帰性などということ自体が、問題にならない。

それに対して、構築主義の「構成的な形式」は、定義的、解釈的、あるいは表象的な実践と、そのような実践が定義し、解釈し、あるいは表象している客観的な対応物との区別、つまりこの両者が相互に独立しているということを判断停止し、括弧に入れなければならない。しかしながらポルナーによれば、構成的な形式といっても、そこには射程の違う二種類の形式がある。「主題的な構築主義」が客観主義的前提を判断停止するのは、あくまで探究の主題を定式化する際においてだけであり、探究の主題としての社会的現実が、解きがたく実践やディスコースとからまりあっていると同時に、それらを通して構築されていると考えることによってである。

客観主義的な区別——「客観的に定まったもの」と、たんにラベルを貼られたり、定義されたり、知覚されたに過ぎないものとの区別——は、それ自身、主題の領域の内部にある。そうした区別は、ひとびとによって前提とされ、志向され、実行されるかぎりで関心をはらわれるのだが、それが主題を枠づけしたり、形成したりするための分析的な資源となっているということには、関心がはらわれない。(Pollner 1993 : 201)

したがって「主題的な構築主義」は、分析のレベルでは、依然として客観主義的であるということになる。つまり社会のメンバーの構築的な実践そのものは、分析者にとって、事実と対応するように表象されうる客観的な現実であると考えられている。したがって一方で、メンバーは、現実を構築するものとしてとらえられているのだが、他方で、分析者は、現実を構築するものとしてではなく、客観的に存在する現実を発見するものとしてとらえられている。それゆえ「主題的な構築主義」は、自らを構築主義的な分析の対象にしていないという意味で、再帰性の問題を十分ラディカルには取り扱っていない、ということになる。

ポルナーによれば、依然として客観主義の圏内に引き止められていたスペクターとキツセの定式化は、イバラとキツセの修正によって、「主題的な構築主義」として再定式化された。この修正版にとって、客観主義的な区別や客観主義的なディスコースは、社会問題が構築される、メンバーの言語ゲームの特性として理解されるようになる。さらに、「想定された状態」の概念を「状態‐カテゴリー」の概念でおきかえることによって、かれらが強調しているのは、その用語が、客観的現実への間接的な言及ではなくて、そのような言及が社会問題をめぐるディスコースのなかで使用されているという認識である。

しかしながら、ポルナーによれば、イバラとキッセは、自らの実践を考察の対象から除外している。「主題的な構築主義」の実践そのもの、つまり構築主義者のクレイム申し立て活動は、ディスコースやレトリックからは独立したものと考えられている。したがって「主題的な構築主義」は、分析的レベルでは、依然として十分に再帰的ではないままだ、ということになる。

それに対して「分析的な構築主義」は、分析者自身の実践も、社会のメンバーの実践と同様に、構築主義的分析の対象に含まれるという立場をとる。したがって構築主義的分析自体が構築主義的分析の対象になるという意味で、再帰性は、十分にラディカルな形態をとることができる。もちろんポルナーは、このような徹底的な再帰性を導入することが、論理的な困難を抱えていることを認めるが、それにもかかわらず、「再帰性の社会学」は、そのような困難の理由（再帰性は、客観主義的前提のもとでのみ困難なのであって、それ自身として困難なのではないとされる）をも解明することができるとし、さらには、再帰性を導入した「新しいディスコースの形式」の可能性さえ夢想する。

たしかにポルナーの議論は、イバラとキッセが築いた予防線を取り壊し、構築主義と再帰性の議論を徹底させたという意味で、すっきりしている。しかし当然のことながら、その行き着く先は不透明なままである。われわれはここで、ポルナーとともに、「だから客観的な状態についてのいっさいの判断を排除しうる言説を工夫しなければならない」と主張するつもりはないし、逆に「そんなことはもともと不可能なのだから、考える必要はない」と開き直るつもりもない。むしろここで問題にしなければならないのは、われわれにこのような不可能な選択をせまっている前提そのものなのではないか。すなわち、構築主義者の研究が、メンバーの（実践的な）構築を対象とした（分析的・理論的な）第二次的構築であるという再帰的アプローチそのもののなかに、あるいはそのような再帰的アプローチを要請してしまうさらなる要因そのもののなかに、問題があるのではないか――このような要因が、あたかも不可能な選択が存在しているかのようにみせかけているのではないか。

4　再帰性のドグマ――構築主義とエスノメソドロジー

デビッド・ボーゲン David Bogen とマイケル・リンチ Michael Lynch は、社会的構築主義とエスノメソドロジーとのあいだに明らかな平行関係を認めたうえで、両者のあいだの深い相違を強調している（Bogen and Lynch 1993）。そして、そもそもメンバーの構築と社会学者の構築を区別し、それらを再帰的に関係づけようとするアイデア自体に疑問を投げかける――再帰性は、少なくともそれによって何らかの認識（論）的な利点が生みだされるようなものではない(8)、と。

かれらによれば、イバラとキッセは、行為者の日常的な vernacular 理解を、哲学的実在論の素朴な変種として取り扱い、構築主義者自身の分析がよってたつ地点と区別することによって、社会のふつうのメンバーによる素朴な「自然的理論」の外部にたとうとしている。したがって、ボーゲンとリンチがまず問題視するのは、日常的ディスコースや日常的理解と、専門的分析や分析的な理解とのあいだに一線を画そうとする、イバラとキツセの基本方針そのものである。

> イバラとキツセのいう混乱［理論的ディスコースと日常的ディスコースという異なる層のあいだの混乱］が起こるのは、まずもって、これらの「層」が区別されなければならないという前提のもとででしかない。……［なぜこうした前提がおかれるかといえば］社会問題の一般理論なるものがまず行わなければならないのは、社会問題の社会学的知識と常識的知識のあいだに、原理的な区別を設定することだ、とされるからである。［かれらにとっては］このようにしてはじめて、「メンバーの社会問題についての常識的知識」が、社会学的分析という仕事のための純粋な現象として立ちあらわれることになるわけだから。（Bogen and Lynch 1993 : 216）

たしかに常識的な知識や方法を「資源」として利用することと、それを分析的な「主題」として取り扱うことの区別は、すでに紹介したジンマーマンとポルナーの定式化以来、現象学的社会学やエスノメソドロジーの代表的な公式の一つになっている。しかしながらそこには、常識的な知識や方法を主題化することによって、それらを「欠陥のあるもの」「劣ったもの」「誤ったもの」などとして非難したり、矯正したりするという意図はまったくなかったはずだ。というのも、科学的知識と常識的知識を競合する関係としてとらえ、前者が正しく、後者が誤っているという考え方に対してこそ、かれらの批判は向けられていたのだから。したがって、常識的な知識や方法を主題化することの本来の意味は、社会学が、研究対象である日常的世界を、その内在的な論理を無視して「科学的」に説明しようとすることへの批判にあり、したがって日常的世界の内在的な論理の解明こそが、社会学の本来の主題でなければならないという主張にあったはずなのである。

しかしながら、ポルナーからイバラとキツセへと受け継がれた、日常世界の主題化は、まったく逆の方向を向いてしまっている。そこでは、まず第一に、社会のメンバーの実践的あるいは自然的な態度と、社会学者の理論的あるいは分析的な態度が対置され、さらに前者に対しては、素朴実在論的な、あるいは客観主義的な方法論的態度――これは構築主義からみれば、明らかに「誤った」方法的論的態度にほかならない――が帰せられている。そして第二に、社会学者（構築主義者）は、メンバーの自然的態度の外部にたつことによって、メンバーの常識的な知識や方法に対して、「アイロニカルな態度」(Ibarra and Kitsuse 1993 : 26-7=2000 : 49）をとり、結局のところ、メンバーのクレイムを掘り崩すことになる。というのも、それは「誤った」方法的態度にもとづいているとされるのだから。

そこでは、ジンマーマンとポルナーが本来批判したはずの、常識的知識と科学的知識の競合関係がふたたび姿をあらわしてしまっているし、社会学的な専門知識がふたたび特権化されてしまっている。イバラとキツセは、科学的態度が日常的態度によって誘惑されたり、汚染されたりしないように注意を促しているが（Ibarra and Kitsuse 1993 : 30-1=2000 : 55-7)、本当に注意しなければならないのは、まったく逆に、日常的態度が科学的態度によって、誘惑されたり、汚染されたりすることではなかったのか。というのも、もともと、科学によって日常的世界の内在的な論理が無視されたり、科学的態度が日常的態度に勝手に投影されたりすることが問題になっていたはずなのだから。

構築主義の分析は、この［「日常世界的な存在論」や「実証主義的常識」にもとづいた］客観的事実性の感覚が、相互行為的に構築され維持されていることを明らかにする。……分析は、しろうとの行為者であろうと、暗黙にメンバーの前提を採用している社会学者であろうと、メンバーが客観的現実について報告しているクレイムを掘り崩しているのだ。（Bogen and Lynch 1993 : 222）

その意味で、〈ジンマーマンとポルナーによる〉資源と主題の区別は、もはや一つのドグマと化しているという、ボーゲンとリンチの指摘は正しい。かれらによれば、「自然的態度」と「科学的理論化の態度」を対比することによって、あたかも「自然的態度」の外部に出ることができるかのように考えることはできない。

自然的態度が、あらゆる想像しうる「態度」、つまり科学的、哲学的、そして日常世界的「態度」を含んでいる、と考えることは、まったく道理にかなっている。逆にいえば、このことは、自然的態度が多元的な態度を含み、いかなる態度も全体の配置をみわたす地点を構成することはない、ということを意味するだろう。（Bogen and Lynch 1993 : 225）

そうだとすれば、何らかの実践を行うということと、それについて何かを語るというもう一つの実践との関係について、われわれは、どのように考えればよいのだろうか。

大事なことは、第二の実践（第一の実践を観察したり記述したりする実践）が、第一の実践に対して、論理階梯上、より高次の水準（メタ・レベル）にあると考えてはならないということ、したがって第二の実践は、第一の実践に欠けている何ものかを補い、それによって第一の実践を、より包括的で、より完全な枠組みのなかに統合するようなものではないということである。べつのいい方をすれば、第一の実践は、それを観察したり記述したりする、より上位の（とされる）第二の実践によって補われなければならないとか、それがなければ不完全なものでしかないと考える必要はまったくないし、そもそもある実践を観察したり記述したりすることは、当の実践そのものにとって（つまりそれを適切に行なったり、理解したりすることにとって）、構成的な何ものかではなく、まさに当の実践とはべつの新たな実践にほかならない。ヴィトゲンシュタイン的にいえば、何ものかを行う（理解する）ことと、何ものかを観察したり記述する（解釈する）ことは、まったく別物なのである。[9]

5　記述主義の呪縛――本来の問いを取り戻すために

たしかに、ボーゲンとリンチが正しく指摘しているように、自然的態度と科学的理論化の態度を対比し、あたかも自然的態度（実践的態度）の外部に出ることが可能であるかのような考え方は、問題の多いものといわざるをえないだろう。だがしかし、この問題は、じつはもう少し根が深いように思われる。すでにみてきたように、構築主義者は、社会のメンバーによる実践的な第一次的構築と、社会学者（構築主義者）による分析的・理論的な第二次的構築を、区別したうえで関係づけるという再帰的アプローチを要求している。なぜそうした屈折した方法をとらなければならないかといえば、そうしたメンバーの活動こそが、「社会問題」を定義し、構築しているからであって、そうした活動から離れて、独立に「社会問題」が存在するわけではないからである。ひとびとの定義活動こそが、現実の意味をつくりだしているのであるから、その過程を分析しなければならない、というわけだ。ひとびとが行なっている、定義するあるいは記述するという活動が、じつは定義され記述される対象を構築するのだという構築主義の根本命題があるからこそ、ひとびとによって「想定された状態」ではなく、ひとびとの定義活動自体を分析しなければならない、ということが要請される。

「ひとびとの記述という営みこそが、（記述されるものの）意味や事実性をつくりあげる（構築する)」――これを社会的構築主義の根本命題とでも呼ぶなら、ここには明らかに、記述という営みが、記述されるものごとに対して、そのあいまいさを取り除いたり、明確にしたり、欠けているものを補完したり、要するに意味ある事実として完全なものにするという考えが、前提とされている。そして、そのような考えこそ、ボーゲンとリンチが問題視したように、構築主義者の理論的・分析的態度が、社会のメンバーの実践的態度から分離でき、しかも構築主義者の理論的・分析的態度による記述によって、社会のメンバーの実践の実践としての完全な姿(社会的構築)が再構成されるはずだという、再帰的アプローチの前提でもあったのである。

したがって、むしろ再帰的アプローチは、このような構築主義の根本命題が、自己(の分析)に適用された結果であるといった方が正しいのかもしれない。ひとびとの記述こそが、ひとびとの意味ある事実をつくりあげているのであり(根本命題)、そしてそのこと自体を、意味ある事実として解明するのは、まさに構築主義者による(ひとびとの記述という営みについての)再帰的な記述である(再帰的アプローチ)、ということなのではないか。つまり問題は、構築主義の根本命題そのもののなかに潜んでいる「記述主義」[10]という亡霊なのではないか。

では、何ものかが何ものかとして構築されるのは、それが何ものかとして記述されることによってである、という構築主義の根本命題は、本当に正しいものなのであろうか。

かつてハロルド・ガーフィンケル Harold Garfinkel とハーヴェイ・サックス Harvey Sacks は、会話のなかで、「定式化 formulating」というものがもつ意義について論じている。

> われわれは、われわれがしていることをはっきりと述べる saying-in-so-many-words-what-we-are-doing 実践を、定式化と呼ぶ。（Garfinkel and Sacks 1970 : 355）

メンバーは、会話のある部分を、その会話を記述したり、説明したり、特徴づけたり、解明したり、要約したり、ルールにしたがっている（いない）ことを注釈したり、などの機会として取り扱うことができる。つまりメンバーは、会話のある部分を、その会話を定式化するための機会として利用することができる。

しかしガーフィンケルとサックスが問題にしているのは、このような定式化が、いったいどのような意義をもっているのか、ということである。もっと精確にいえば、定式化があいまいさをはっきりとさせたり、不十分さを補ったりするもの、つまり説明可能性 accountability や、事実性をつくりあげるものなのかどうか、という問題である。そしてかれらは、つぎのような否定的な結論を導きだしている。

> われわれがこれらの現象のもつ決定的な重要性としてとりあげるのは、……メンバーにとって、自分たちの会話的活動が説明可能であり合理的であるという事実が達成されるのは、会話を定式化するという活動によってではないということである。これら二つの活動は同一でもないし、交換可能でもない。……／要するに、定式化を行うことは、会話者にとって、自分たちの活動が説明可能で

あり合理的であるという事実への志向を示しているのであって、定式化を行うことが、そのような事実それ自身を達成したり、確立するための決定的な手段ではないのである。定式化を行うひとが何をしているのかという問題――それはメンバーの問題なのだが――は、定式化が提案しているものによって解決されるのではなく、メンバーが、定式化という行為の本質的に文脈化された性質を構成している実践に従事することによって、解決されるのである。(Garfinkel and Sacks 1970 : 355)

定式化は、状況から分離された客観的なものではありえないし、しかもだからといって、それが定式化のもつ困難というわけでもない。というのは、定式化もまた、ほかのふつうの発話と同様に、固有の文脈に着床しながら、説明可能なものとして産出されていくからである。ある仕方でふるまう（ある行為を行う）ためには、定式化が可能でなければならないということはないし（いわゆる「暗黙知」を想起してほしい）、また定式化することによって、はじめて行為の意味（ふるまいの仕方）が明らかになるわけでもない。定式化や記述が、ものごとの意味ある事実性をつくりあげているわけではないのである。

ここで重要なことは、実践の仕方や方法という問題（行為の「いかにして」という問題）が、その実践を語る（記述する）という実践のなかにあるのではけっしてないということだ。行為の意味（その行為が何であるか）は、それを記述するというメタ的（であるかのようにみえる）実践によって決まるわけではない。その意味で構築主義者は、記述に対して、いわば過剰な要求をかかげているといってもよいのだが、そのことは、かえって記述が本来もっている可能性すら閉ざす結果に陥ってしまうということも、指摘しておかなければならない[11]。

　われわれが構築主義的研究に感じる素朴な違和感――研究対象のシフト、問題設定のシフトという違和感――も、社会的構築主義が記述主義にとらわれていると考えれば、合点がいく。社会問題の構築主義は、その厳密さを増すほど、社会問題をめぐるディスコースの研究に自己を限定するようにならざるをえない。そこで問題は、ディスコースにおいて使用されるレトリックの問題へと収斂していく。しかしはたしてどのような意味で、レトリックの研究が、社会問題の研究だといえるのであろうか。もちろんわれわれは、社会問題の客観的実在論に戻るべきだといっているのではない。記述主義にとらわれているかぎり、分析の対象は、必然的に記述へとシフトせざるをえないが、それは、けっして「いかにして意味ある事実が〈社会的〉に構築されるか」という問題が解明されうる場所でも水準でもない。むしろ、分析対象が記述へとシフトすることは、たんに分析が、記述という（記述される実践とは）べつの実践へとシフトしてしまうことを意味するに過ぎないのである。

　たしかに、行為の意味（その行為が何であるか）は、相互行為的に決定されるし、〈社会的〉に構築される――そのことは、間違いなく正しい。しかしながら行為の意味が〈社会的〉に構築されるのは、行為を記述するような営みによってではない。いかにして行為の意味が相互行為的に決定されるのか、いかにしてそれが〈社会的〉に構築されるのか、という問いの答えは、行為を記述する営みのなかにあるわけではないし、ましてや記述の連鎖のなかに霧散してしまうようなものでもない。記述することが構築することだという記述主義の呪縛から解放されないかぎり、意味ある現実がいかにして〈社会的〉に構築されるのかという構築主義者の本来の問いは、未だに問われてはいないのである。

[注]

（1）社会的構築主義およびそれと密接に関連する談話分析（言説分析）の幅広い展開については、上野編（2001）、中河・北沢・土井編（2001）、また『社会学評論』（Vol.55,No.3,2004）や『文化と社会』（Vol.4, 2003）の「特集」なども参照。もともと社会心理学的色彩が濃いが、基礎的なものとして、Burr（1995=1997）、Edwards（1997）、Edwards and Potter（1992）、Gergen（[1982] 1994a=1998, 1994b=2004, 1999=2004）、Harre and Gillet（1994）、Potter（1996）、Potter and Wetherell（1987）などがある。本章の議論は、社会問題の構築主義に焦点を絞るが、それ以外の幅広い展開にも基本的にあてはまると考えている。談話分析と会話分析の相違については、田中（2004）、Wooffitt（2005）を参照。なお、社会問題の構築主義をめぐる論争の経緯は平・中河編（2000）を、論争の詳細な紹介と検討については中河（1989-90, 1999）を参照。

（2）レイベリング理論をめぐる論争については、Gove（1975）の諸章を参照。

（3）コンテクスト派の主張については、Best（[1989] 1995, 1993）を参照。

（4）「状態-カテゴリー」は、社会的な活動や過程の類型——つまり『社会』による自らの内容の分類——であり、それが実践のコンテクストで使用されることによって、社会的現実の意味ある記述や評価が生みだされる。……

状態－カテゴリーは、社会問題が何に『ついて』のものであるのかを示すために、メンバーが使う用語であり、……第一にそしてもっぱら、言語の単位なのだ」（Ibarra and Kitsuse 1993 : 30=2000 : 56）。

（5）ディスコースを素朴に分析の対象と考えるのだとすれば、社会のメンバーの構築活動（ディスコース）は、構築主義者にとっての「客観的な状態」であり、やはり客観的な状態についての判断を避けることはできないのではないか、という批判にも応えなければならなくなる。

（6）「再帰性」の概念は多様であるが、ここでは「（メンバーの）構築を（社会学者が）構築する」というような「何らかの過程の自己適用」と考えておきたい。このような定義については、Luhmann（1970 : 93=1984 : 80, 1984 : 601=1995 : 808-809）を参照。また、この概念の多様な用いられ方については、Lynch（2000）が参考になる。

（7）このような区別は、すでにPollner（1978）のなかで、レイベリング理論にかんして展開されたものであり、さらにその原型は、Pollner（1974）までさかのぼることができる。

（8）ボーゲンとリンチの議論にもとづいたものとして、西阪（1996）、岡田（2001）も参照。

（9）実践と、実践の解釈とのこのような区別については、本書第一章で詳しく論じた。

（10）ここでいう「記述主義」とは、ジョン・L・オースティン John L. Austin にならって、言語のはたらきを記述に限定してしまうような立場を指している（Austin [1962] 1976 : 3=1978 : 7）。

（11）談話分析（言説分析）が内在的記述の可能性を排除し、外在的記述にならざるをえないことについては、第三章で取り上げる。記述する実践が、記述される実践と同列の一つの実践に過ぎないからといって、その正当性が、自らが含まれるディスコース（他の記述との関係）のなかでしか決定されず、したがって内在的記述の可能性が排除されるという考えは、間違っている。

第三章　認知主義／記述主義を超えて――会話分析と言説分析

　すでにわれわれは前章で、社会的構築主義、とりわけ社会問題の構築主義について、その論理構造を検討して、記述主義（一般的にいえば表象主義あるいは認知主義）がもたらす問題点を指摘しておいた。その骨子は、おおよそつぎのようなものであった。（社会問題の）社会的構築主義は、何ものかを何ものか（「社会問題」）として「語る」という営み（「クレイム申し立て活動」）、すなわち観察や記述が、その何ものかを事実（「社会問題」）として「構築する」のだと主張している。しかしながら、一般的にいえば、ある行為を（事前であれ事後であれ、あるいは明示的であれ暗黙にであれ）認知・表象したり観察・記述したりすることは、けっしてその行為を構成（構築）するための不可欠の契機ではない。むしろそれは、観察・記述される行為＝実践とはべつの新たな行為＝実践であると考えなければならない。この点を見誤り、記述主義にとらわれることによって、かれらの議論は、解決不可能な再帰性の罠につかまってしまうことになる。

　本章では、社会的構築主義に関係が深い言説分析(1)（Discourse Analysis）を取り上げ、会話分析（Conversation Analysis）と言説分析の主張を比較検討することによって、あらためて認知主義／記述主義の陥穽について考えてみることにしたい。

1　レリバンスの原理（2）――シェグロフの問題提起

まずはじめに、一九九七年から一九九九年にかけて、会話分析と批判的言説分析の名のもとに、エマニエル・A・シェグロフ Emanuel A. Schegloff と、マーガレット・ウェザレル Margaret Wetherell そして後にマイケル・ビリグ Michael Billig とのあいだで交わされた論争（Schegloff 1997, 1998, 1999a, 1999b; Wetherell 1998; Billig 1999a, 1999b）に注目してみたい。というのも、そこから会話分析と言説分析のあいだを隔てている、もっとも重要な論点が析出できるからである。

この論争のきっかけとなった論文（Schegloff 1997）で、シェグロフが主張しているのは、おおよそ以下の三点であるといってよい（3）。

まず第一に、会話、あるいはそれが相互行為であるという意味で「相互行為内トーク talk-in-interaction」は、その当事者たちにとって、固有の意味をもっており、いいかえれば、それはそれ自身の構成的意味、それ自身の見地、それ自身のリアリティを備えた「独自の権利をもつ探求の対象」（Schegloff 1997 : 171）であるということ。しかもその固有の意味は、基本的に、会話あるいは相互行為内トークの各段階で「示されて display」いるはずだということ。というのも、もしそうでなければ、そもそも当事者たちが、相互に理解しあうとか、あるいは相互に理解しあっているということを理解しあうことはできなくなってしまうだろうから。したがって会話あるいは相互行為内トークの社会学的分析は、それらに内在的・内生的な観点によって、基礎づけられうるものであるということになる。

第二に、このような分析目標を追求することによって、どのような文脈（あるいは文脈の諸側面）が、分析のために考慮に入れられるべきなのかということについての制約が課されるということ。いいかえれば、会話あるいは相互行為内トークを内在的・内生的に分析するためには、当事者たちにとってレリバントであることが当該の場面で示されているような文脈（あるいは文脈の諸側面）のみが、考慮に入れられなければならないのであって、分析者が、そのようなレリバンスを無視して、自らにとってレリバントな文脈を勝手に付与して解釈してはならないということである。分析者が志向する文脈ではなく、当事者たちが志向する文脈が、考慮に入れられなければならない、とされる。つまり「事態が、まず第一に、参与者たちにとってどのようであるか」（Schegloff 1997 : 178）が優先されなければならない。

したがって第三に、このような分析上の制約は、それによって学術的あるいは理論的な帝国主義、つまり知識人の関心や先入観を、その対象に対して、無理やり押しつけることを防止するための有益な制約にほかならないということである。

もう少し詳しくみていこう。シェグロフによれば、われわれが何らかのカテゴリーを使って、あるひとに言及する場合、そのカテゴリーを使うことは、そのひとが「実際にそうである」ということだけによって、根拠づけることはできない。たとえば、だれかが事実として「女性である」からといって、それだけで、そのひとを「女性」として言及することを正当化することはできない。というのも、そのひとは、ある人種、ある階級・階層、ある学歴、ある年齢など、同時にさまざまなカテゴリーで名指すことのできるひとであるはずだから[4]。

ここで、カテゴリーということばを、文脈ということばに置きかえてみることは、容易である。すなわち、会話や相互行為内トークを取り巻いているさまざまな文脈は、それが真実であるという、それだけの理由によって、その使用を、つまりその文脈によって当の会話や相互行為内トークを理解することを、正当化し、根拠づけることはできない。たとえば、たしかにある相互行為が「病院」という場で行われたとしても、同時にそれは、ある「国」のある「町」という場で、あるいは屋外ではなく「屋内で」行われたのであるし、もしかしたら「廊下」ではなく「部屋で」行われたのかもしれない。しかもその当事者たちが、たしかに「医師と患者」であったとしても、かれらは同時に、さまざまなべつのカテゴリーによっても特徴づけ可能なひとびとであることは、すでに明らかであろう。

もちろん、だからといって、あるひとをどのようなカテゴリーによって特徴づけてもよいのだとか、どのような文脈によって会話あるいは相互行為内トークを理解してもよいのだ、ということにはならない。では、カテゴリーや文脈のどのような使用が正当であると考えたらよいのか、その基準とは何なのか、ということが問題になってくる。どのような根拠にもとづいて、あるカテゴリーや文脈の使用が、したがってある仕方の記述が、他のそれに比べて、優先されるべきだといえるのか。

シェグロフは、この問題に対して、二つの立場を対比している。第一の立場は、かれが「実証主義的」と呼んでいるもので、分析者の立場あるいは科学的説明の見地から、ある記述の仕方が、たとえば統計的に有意味な仕方で、何らかの成果や知見をもたらすかどうか、しかもそれが理論的に解釈可能であるかどうか、というような基準を設定するものである。つまり、あるカテゴリー化が、分析者の側からみて、どれだけ役に立つかという観点から考えようとするものである。

第二の立場は、会話あるいは相互行為内トークは、当事者たちの志向しているカテゴリーや文脈によって、そのようなものとして構成されているのであるから、特権化されているのは、この当事者たちが志向しているカテゴリーや文脈であり、それを理解し、記述しようとする分析者にとっても、同じものが特権化されているのだというものである。いいかえれば、分析に際して、どのような文脈やカテゴリーが選択されるべきかを決定する基準は、当事者たちの志向であり、かれらにとってのレリバンスなのだということになる。

いうまでもなくシェグロフは、第二の立場をとる。もし、第一の立場をとるなら、それは研究者・分析者によって、あるいはその関心や先入観によって、現実を勝手に解釈することになってしまうからである。

シェグロフは、ジェンダーの問題を例にとって、会話における割り込みとオーバーラップの問題を、直接にジェンダーによる地位と権力の非対称性のあらわれとして解釈しようとするやり方[5]を批判し、いっけん割り込みにみえる発話が、会話の内在的な組織にしたがって、十分に説明できることを示している（Schegloff 1997 : 175–8）。かれは、会話そのものを、直接的に、外部的な要因と結びつけるような分析は、参与者たち自身の明白に示された関心、参与者たちが互いに関係している仕方、参与者たちが志向していることを示しているレリバンスに対して、いかなる余地も与えていないと主張している。言説は、あまりにしばしば、参与者たちがつくる文脈ではなく、分析者が固執する文脈に屈従させられている。

> 「形式」分析[6]と批判的言説分析の双方を豊かにすることのできる分析の一つの方向は、つぎのような行動の形式がどのようなものであるかを解明することであろう。つまり、それによってひとびとが、ジェンダー、階級、そしてエスニシティを「行い」、そしてそれによってかれらが、相互行為的文脈としてのそのような特性への志向を示し、喚起していることが明らかになりうるような、そのような行動の形式を解明することであろう。（Schegloff 1997 : 182）

2　言説分析の立場

（1）ウェザレルの反論

社会的構築主義の立場にたつ「言説心理学 Discursive Psychology」[7]の流れに近いウェザレル（Wetherell 1998）は、社会心理学に関係するかぎりで、言説分析として総称されるもののなかには、エスノメソドロジー・会話分析の伝統と連携しようとするスタイルと、いわゆるポスト構造主義をスローガンとするスタイルがあるとしたうえで、自らは、より総合的なアプローチを目指すとしている。その意味で、ウェザレルの議論は、両面的であり、悪くいえば折衷的であるといわざるをえない。彼女が、両者のスタイルを比較検討する際に基準としているのは、「なぜここでこの発言が行われたのか」という問いである。ウェザレルによれば、会話分析の方法、とりわけ会話の内在的意味に分析を限定するやり方では、この問いに十分に答えることができない。

そもそも言説分析という場合の「言説」(8)には、たんにそれが相互行為に限定されないとか、口頭でなされる発言に限定されないというばかりでなく、そもそもそれ自身が一つの対象というよりも、むしろさまざまな対象を取り巻き、それを構成している、広い意味での知識（記号、表象、イメージなど）の社会的な配置の全体を指す場合があり、したがって単純に、会話や相互行為内トークと比較することには無理がある。というのも、その場合には、会話に内在するものと外在するもの、つまり会話の内と外というような意味での、言説の内と外の区別それ自身が、かならずしも意味をもたないからである。(9)

かといってウェザレル自身は、このような「より包括的な言説の概念」によってたつスタイルに、完全にコミットしているわけではない。それでもしかし、シェグロフの主張——批判的言説分析が、分析者自身の準拠枠を、すでに解釈され、自生的に構築された世界に対して押しつけているとか、トークのなかでは、参与者たちが、場面と文脈をかれらがどのように理解しているかを、相互に示しあっているという観察から出発すべきであり、決定的に重要なのは、参与者たちにとって、何がレリバントであるかということであって、分析は、相互行為の内的な意味と一貫しなければならないといった主張――は、たんに分析の可能性をあまりに狭く制限し過ぎているというばかりでなく、理論的にも十分な根拠をもつものではない、と反論している。

というのも、ウェザレルによれば、シェグロフは、分析者が自らのカテゴリーを当事者たちの言説に輸入すべきではないといいつつ、「条件的レリバンス」とか「説明可能性」などといった専門的概念を使って、トークのパターンを同定しようとしているからである。つまり会話分析もまた、当事者たちにとって外的なカテゴリーや概念を、分析のために導入しているのではないか、というわけである。それなのに、なぜ批判的言説分析だけが、分析者の関心や先入観を輸入していると非難され、会話分析はそれから自由であると断言することができるのだろうか、と。

ウェザレルによれば、当事者たちの志向やレリバンスを定義しているのは、最終的には、会話分析を行う分析者なのであって、その意味でわれわれは、理論家のカテゴリーと関心の押しつけから逃れることはできない。つまり純粋に会話の内部、参与者たちの志向とレリバンスに分析を限定することなど、論理的にできない相談だというのである。だとすれば、最終的には、分析者自身をも含む、より包括的な言説の概念に頼らざるをえないはずである。

シェグロフのアプローチが求めているものにしたがうなら、分析者は、会話的活動を通して走り、それをたて糸とよこ糸として、より大きな布へと結びあわせている論談的な糸（argumentative threads）への関心を失うことになってしまう。それとは対照的に、系譜学的分析が示唆しているのは、われわれが論談的な織物の一部を分析する場合には、その織物を貫いている、より広い理解可能性の形式にも注目しなければならないということなのである。（Wetherell 1998 : 403）

分析が、必然的に、参与者たちにとってレリバントなもの、参与者たちの志向に限定できない以上、それを構成している「そこにはないもの（沈黙と欠落）」にも目を向けなければならない、というのである。したがってウェザレルの結論は、以下のようなものである。[10]

「なぜこの発言がここにあるのか」という問題に対する、より適切な分析は、ここにある材料のなかでは沈黙させられているもの、あるいは欠落しているもの――参与者たちの志向や日常的な意味構成の部分としては聞かれないような論談的な糸――をも探求するものとなるだろう。（Wetherell 1998 : 404）

（2）ビリグの批判

シェグロフとウェザレルのやりとりは、シェグロフとビリグの論争へと発展する。ビリグの議論（Billig 1999a, 1999b）は、ウェザレルの反論よりもはるかに過激であり、その意味で、外在的ではあるものの根本的であり、そこからいくつかの重要な論点を抜き出すことが可能である。

ビリグが問題視する論点は、基本的にウェザレルと同様に、シェグロフのもっとも基本的な主張に向けられている。すなわち、相互行為内トークは、「内的に基礎づけられたリアリティ」をもっており、したがって参与者たちのトークを「それ自身の見地から」検討しなければならない、というシェグロフの主張であり、いいかえれば、とくに批判的言説分析は、分析者の関心やカテゴリーを、研究対象に押しつけているという、シェグロフの批判である。

ビリグがまず注目するのは、ウェザレルも示唆していたように、会話分析は、参与者たちの見地からといいながら、参与者たち自身のものではない「専門家のレトリック」を使っている、ということである。会話分析もまた、高度に専門的な語彙を使用することによって、分析者の見地を押しつけているのではないか。「隣接ペア」「選好構造」「受け手デザイン」「自己訂正」などのカテゴリーは、とりもなおさず、分析者が参与者たちに押しつけているカテゴリーではないのか。結局のところ、会話分析は、参与者たち自身の見地を観察するために、分析者の見地を使用するというパラドクスにみまわれているのではないか、というわけである。「ナイーブな方法論と認識論」が、会話分析者に、自分たちは「カテゴリーを押しつけていない」と主張することを許容しているに過ぎない、とされる。

さらにビリグによれば、会話分析では、分析者と参与者たちは、たんに使用する語彙が違っているだけではない。分析者は、参与者たちが注意を向けていないものごとに注意を向けており、逆にいえば、参与者たちが注意を向けているものごとに注意を向けていない。端的にいえば、参与者たちが会話のなかで語る主題（トピック）そのものは、会話分析を行う分析者にとって、特別な関心事とはならないからである。

会話分析は、会話組織の一般的諸特性やパターンを、事例のなかから引き出そうとするのであって、そのようなパターンや一般的諸特性は、参与者たちが議論している特定の主題とはまったく関連していない、とされる。会話の一般的諸特性やパターンを明らかにするという分析の目的を達成するために、シェグロフは、参与者たち自身がそれについて話しているとみなしている特定の主題やかれらの主要な関心から、注意をそらしてしまう、というわけである。

ビリグによれば、ここには、二つの問題がある。第一は、「参与者たち自身の見地から」という会話研究の原則が、秩序の一般的構造を発見しようとするプログラムによって、じつは破られてしまっているのではないか、ということ。分析者は、参与者たちが自らの主要な関心とみなすものから、注意をそらしているのだから、ここではまさに、分析者が、会話の記述に際して、分析者自身の見地を押しつけているのではないか、というのである。

第二に、もしシェグロフの勧めにしたがうなら、分析者は、参与者たちが使用しない術語（会話分析の専門用語）を使用することによって、参与者たちが語らないものについて、語ることになってしまう、ということ。もしもそれに反して、参与者たちが語っているものを語ろうとすれば、分析者が、自らのカテゴリーを参与者たちに押しつけていると非難されるというのは、なんとも皮肉な話ではないか、というわけである。

以上の議論は、われわれにとって大変興味深いものである――もっともそれは、この議論がシェグロフの主張の問題点をうまく突いているというよりも、むしろ逆に、（批判的）言説分析の前提と問題点が浮き彫りになっているからなのであるが。とくにビリグが、参与者たちが「語ること」、あるいはその内容や主題をことさらに重視しようとすることと、逆にウェザレルが、会話や相互行為において「語られないこと」にこそ注意を向けなければならないと主張していることは、それらが正反対で矛盾しているというよりも、むしろそこにみられる「語られること／語られないこと」という強力な磁場に、かれらが支配されていることを示すものとして、注目に値するといわなければならない。

よく考えてみれば、エスノメソドロジー・会話分析が、語られるにせよ語られないにせよ、何が語られるのか、あるいは何が語られないのか、ではなく、その仕方や方法に注目してきたということ、シェグロフのいい方にしたがえば、会話分析が「形式」分析であるということの意味が、理解されなければならない。

しかも語ることの仕方や方法という場合、けっしてそれは、語ることをより上位の論理水準から支配している規則のことを指しているのではないし、語ることを再帰的に語ること、語ることがある種の観察・記述であるとすれば、観察・記述をふたたび観察・記述することを指しているのでは、けっしてない。もし語ることの仕方や方法が、たんにそのような意味であるとするなら、仕方や方法への注目は、ただたんに、観察・記述の二重化を意味するものになってしまう。たしかに、社会学的観察や記述が、科学主義的に考えられた客観的な現実の観察・記述であるとする単純な考え方に対しては、このような二重化を強調することも、意味があるかもしれない。だがしかし、やはりそれは、厳密には間違っているといわなければならない。仕方や方法というものの真の意味を理解するには、やはり、すべてを観察や記述として考える、あるいは語ること／語られないことという区別のもとで考える記述主義（表象主義・認知主義）からの離脱が必要なのである。

エスノメソドロジー・会話分析のいう仕方や方法とは、語られることを指すのではないし、だからといって語られていないという意味で「そこにはないもの（潜在しているもの）」を指しているのでもない。語りの仕方や方法は、じつは、語りとともに、まさに「そこにある」のであって、われわれの術語を使えば、まさにそこに「示されて」いるのである。語られる内容だけが「そこにある」わけではけっしてない[11]。

ところでビリグは、さらに会話分析の「土台となる foundational レトリック」を検討し、「会話分析のイデオロギー」を暴露しようとする。詳しくは、第3節で扱うが、会話分析では、日常会話と制度的相互行為を区別しており、しかもその場合、日常会話では、参与者たちが発話する平等の権利をもつのに対して、制度的相互行為では、そのような平等の権利に一定の制限が加わっている、というようないい方がよくされることは事実である（Drew 1991 : 21-22）。たとえば、教室や、法廷や、ニュースインタビューでは、だれが、いつ、どんな発言をすることができるかが、あらかじめ制限されている。

ビリグによれば、そこには、日常的相互行為における権利の平等ということが、とくに証明されることなく、前提とされてしまっているばかりでなく、さらに、そのような日常的相互行為に対して、方法論的・理論的な優位が与えられている。というのも、制度的相互行為は、いわば逸脱ケースとして、制限によって印づけられているのに対して、日常会話は、いわば原点とみなされているからである。

ここからビリグは、もし批判的言説分析が、社会的に批判的な概念を分析に持ち込んでいるというなら、会話分析は、非批判的な概念を持ち込んでいるのであり、イデオロギー的に中立であるということではない、と主張する。(12)

3　日常会話と制度的相互行為

(1)　発話交換システムの変異

これまでは、(シェグロフのいう)当事者たちの「志向」あるいは「レリバンス」というものについて、はたしてそれがどのような事態を指しているのかということを、とくに議論してこなかった。そうはいっても、すでにこれまでの議論のなかで、少なくともそれがどのようなものではないか、ということについては、いくつかのヒントが提起されている。

まず、たしかにこうした表現は、いっけん当事者たちの意識あるいは主観性に関係しているかのようにみえるかもしれない。ある制度的文脈やカテゴリーに、当事者たちが「志向」しているかどうか、かれらにとってそれが「レリバント」であるかどうかは、たしかに、個々人の意識や主観性の問題であるかのようにみえるかもしれない。しかし「当事者たちの志向やレリバンス」という表現からも明らかなように、それは個人的なものではなく、複数の個人を含んだ、協同的な志向やレリバンスである。だからといって、もちろん個人を越えた集合的実体を想定しているわけではない。それは、当事者たちが相互に「示し」あう何ものかであって、あくまでそのような「示し」あいのなかにしか存在しない。さらにいえば、そのような志向やレリバンスは、相互行為のなかで（明示的に主題として）「語られる」何ものかではないということも重要だ。というのも、志向やレリバンスは、あくまで実践の一部なのであって、語られる対象ではないからである。それらが対象として語られたとたんに、今度は、その語られたという実践の一部として、何らかの志向やレリバンスが「示されて」しまうことになるからである。では、「示される」とは、いったいどのような事態を指しているのだろうか。

そこで、一般に「制度的場面 institutional settings の会話分析」と呼ばれている研究に注目してみたい。それは、会話的相互行為の外側にあって、それを取り巻き、それに何らかの影響を与えているとされる、社会制度や社会構造の問題にかかわっている。しかしながら会話分析は、この問題に対して、シェグロフが主張しているように、参与者たちの志向やレリバンスの問題を分析の原理として採用している。したがって、「制度的場面の会話分析」の諸研究を検討することによって、制度的文脈や制度的場面が、参与者たちにとって「レリバント」であるということ、参与者たちがそれに「志向」しているということ、そしてそれが相互行為において「示される」ということが、どういうことであるのかを明らかにすることができるだろう。

ところで、「制度的場面の会話分析」といういい方は、じつはあまり望ましい表現ではない。というのも、すでに前節でも触れたように、「会話」という表現自体が、制度的ではない場面、つまり日常的ordinaryな場面と結びついており、いわば制度的な制約が課されていない相互行為という意味あいをもっているからであって、定義上、会話は制度的ではないはずだからである。シェグロフは、会話が社会的に組織された相互行為の一部であるという意味で、「相互行為内トーク talk-in-interaction」という表現を使っている（Schegloff 1987 : 207=1998 : 141）。もちろん、そのようにいったからといって、（日常）会話を軽視しているということではないし、考えてみれば、会話分析そのものが、その当初から、ある意味で「制度的場面」を取り扱っていたのも事実である。[13]では、日常会話と制度的相互行為との関係をどのように考えたらよいのだろうか。

この点については、すでにハーベイ・サックス Harvey Sacks たちが、有名な「会話の順番取りシステム」についての論文[14]のなかで、つぎのように述べていることに注目しなければならない。

話し手の交代をくり返しながら、一度に一人の当事者が話すようにするために順番取りシステムを使用するのは、けっして会話に限られるわけではない。順番取りシステムは、セレモニー、ディベート、会議、記者会見、セミナー、セラピー、インタビュー、法廷などにおいても、強力にはたらいている。これらはみな、……会話とは違っているし、相互にも違っている。……一般的に、会話のための配分技術は、一度に一つの順番を配分する、というのは正しそうである。そのような作動様式の他の選択肢は、簡単にみつかる。たとえばディベートの場合には、あらゆる順番の秩序化は、「賛成」か「反対」かによって、事前に割り当てられている。ディベートとも会話とも違って、議長のいる会議では、部分的に、順番を事前配分している。／以上のことは、つぎのような構造的可能性を示唆するに足るものであろう。つまり、順番取りシステムは、……順番の配分にかんして、線形に配置されているということだ。一方の極のタイプ（会話を例とするようなタイプ）は、「一度に一つの順番を配分」していく、つまり局域的に配分を決めていく。他方の極のタイプ（ディベートを例とするようなタイプ）は、「すべての順番の事前配分」を含んでいる。中間的タイプ（会議を例とするようなタイプ）は、事前配分的な方法と局域的な配分方法とのいろいろな混合を含んでいる。（Sacks, Schegloff and Jefferson 1978 : 45-6）

さらに、サックスたちは、その後で、つぎのようにも述べている。

われわれは、直線的にならんだ二つの極を考え、会話が「一つの極」であり、「セレモニー」がありうる他の極であるといってきたが、それによって、会話とセレモニーが、極としての独立した、あるいは同等の地位をもっている、と提案しているわけではない。というのも、会話は、発話交換システムの基礎的な形式とみなされるべきであり、直線上にならんだ他のシステムは、他のタイプの順番取りを達成するために、会話の順番取りシステムをさまざまに変形したものであるとみなされるべきであるからだ。こうしてみれば、ディベートあるいはセレモニーは、独立した極ではなく、むしろ会話のもっとも極端な変形であるということになるだろう。もっとも極端だというのは、会話が変化を許容する、もっとも重要なほとんどすべてのパラメーターを完全に固定するという意味においてである。（Sacks, Schegloff and Jefferson 1978 : 47）

このような指摘は、その後の制度的相互行為の諸研究(15)を主導することになるのだが、それらの諸研究の特徴は、ごくおおまかに、以下のようにまとめられるだろう。

まず第一に、日常会話の順番取りシステムが、発話交換システムの「基礎的」で、デフォールトな形式であり、「優先的」(16)なものであるということ。いいかえれば、日常会話の順番取りシステムは、「可能化する制度 enabling institution」（Schegloff 1987 : 208=1998 : 142）であり、「他の制度化された形式の人格間の関係に対して、『基盤 bedrock』の地位をもち、……社会的に組織されたコミュニケーション的実践と手続きの完全な母体」（Heritage and Atkinson 1984 : 12-3）であるということ。つまりそれは、あらゆる他の相互行為の形式が、そこからつくられ、そこから派生する「母型」であるということだ。

したがって第二に、制度的相互行為は、「基礎的」なものである日常会話の順番取りシステムに対して、何らかの制約・変形が加わったものとして、特徴づけることが可能であるということ。たとえば、教室、法廷、ニュースインタビューなどは、日常会話のように、その都度、順番の組織を管理していくのではなく、何らかのかたちで、事前に順番の配分を管理している。たとえば、それらの場面では、つぎの発話者を選択するのは、教師であり、裁判官であり、インタビュアーであって、生徒、被告や原告、インタビューの受け手ではない。だれが、いつ、何を語ることができるか、についての一定の手続きが、そこにはある。

さらにいえば、これらの制度的場面は、とりわけ質問‐回答という隣接ペアにかかわるシークエンシャルな組織の、日常会話とは異なるパターンによって秩序づけられている。たとえば、教室では、教師が質問し（Initiation）、生徒が答え（Reply）、さらに教師がこの答えを評価する（Evaluation）という特徴的なやりとり（日常会話で、そのような評価は避けられる）によって、それが教育的な場面であることが示されていることについては、長い研究の歴史がある。また逆に、法廷やニュースインタビューでは、日常会話で使用される「おー」というような「状態変化のトークン」は、それが新しい情報であり、またその情報の真実性や適切性を受け容れることを示してしまうので、避けられることも知られている（Heritage 1985 : 96–101）。

第三に、日常会話においては、参与者たちが「対称的（シンメトリカル）」な関係にあるのに対して、制度的場面では、参与者たちが、何らかのかたちで「非対称な」関係にあるということができる。ポール・ドリュー Paul Drew とジョン・ヘリテッジ John Heritage は、つぎのように述べている。

制度的相互行為についての研究の中心的テーマは、日常会話では、話者間の関係が対称的であるのに対して、制度的相互行為は、非対称的であるという特徴をもっているということである。（Drew and Heritage 1992 : 47）

（2）制度的文脈への志向と相互行為内トークの詳細とを結びつけるもの

すでに確認したように、制度的相互行為の特徴、つまり制度的相互行為の制度性の核心は、もっとも典型的には、日常的会話における発話交換システム（発話の順番取りシステム）に対して、一定の制約や変形が加わっているということにあり（発話の順番やタイプの配分についての事前の決定）、さらにまた、シークエンシャルな組織が、日常会話とは異なるパターンをとることによっても特徴づけられるものであった。もちろんそれらは、たんなる分析の出発点であって、それ以外に、さまざまな特徴が指摘され、そして分析されている[17]。しかしここで強調しておかなければならないのは、それらが観察者によって観察可能な、事実的で客観的な規則性やパターンの問題ではないということである。

結論からいえば、それはむしろ、当事者たちが、相互行為の一定の制度性に志向しているということ、あるいはその制度性が当事者たちにとってレリバントであるということ、このことが、具体的に相互行為の経過のなかで「示される」、その示され方の問題であるということだ。つまり、日常的会話における発話交換システムから、何らかの仕方で変異した特殊な発話交換システムが、当事者たちによって、協同して遂行されているということは、それぞれの当事者が、その場面をある制度的な場面として取り扱っていることを「示して」おり、べつの当事者もまた、そのことを理解しながら、同様にふるまっているということにほかならない。

シェグロフは、レリバンスや志向性の問題と、相互行為内トークの具体的詳細とのあいだの関係を「手続き的結びつき procedural consequentiality」という概念で結合させようとしている。

> 会話の文脈や場面のある特徴づけ（「病院で」のような）が、参与者にとってレリバントであり、かれらがそのように特徴づけられた場面に志向していることが、相互行為の詳細な分析によって、たとえ示せたとしても、もう一つの問題、つまりいかにして文脈や場面（局域的社会構造）のその側面が、トークの手続きに対して結果をもたらすかを示すことが残っている。トークが何らかの場面（たとえば「病院」）で行われるという事実が、いかにして相互行為の形状、形式、軌道、内容、あるいは性格に対して帰結を生むのか。そしてそのように理解された文脈が、トークに対して、明確な帰結をもたらすメカニズムは、どのようなものであるのか。／これは、私には真正な問題に思われる。というのも、そのような連結の特定がなければ、文脈あるいは場面の特徴づけは、いかに当事者たちにレリバントであることが示されたとしても、……分析や説明には役に立たないからである。／……文脈と、トークのなかで実際に起こっていることとのあいだの、直接的で、手続き的な結びつき……［を明らかにしなければならない］。（Schegloff 1992 : 111–2）

また、シェグロフは、法廷の例をあげて、以下のように述べている。

> 順番取り組織に照準するなら、開廷している法廷の「法廷であること」を構成しているのは、物理的な意味でその場面にいるひとびとやひとびとのカテゴリーに、トークを配分する仕方を事実として組織しているようにみえるものにほかならない。……かれらがいつ、何を話すことができるか、などを決定している社会的に組織された手続きがある。その場合、つぎのように議論できるだろう。つまり、相互行為内トークのある場面を「開廷している法廷」でのものとして特徴づけるということは、「社会構造」への一般的な関心に結びつけられうるばかりでなく……、同じように手続き的な結びつきをもつことが示されうるような、そのような文脈の定式化によって、特徴づけることなのである。……行動のまさに形式によって、かれらは、法的に定められた特定のアイデンティティに志向していることを示し、また文脈としての「開廷している法廷」に志向していることを示しているのである。（Schegloff 1992 : 112-3）

シェグロフの主張は、こうである。つまり、たんにある実際の制度的場面の存在や、それに対する漠然とした志向やレリバンスだけでは、それが現実の相互行為に影響を与えているとか、厳密な意味で、当事者たちがそれに対して志向しているとか、当事者たちにとってそれがレリバントである、ということはできない。相互行為の具体的詳細を決定しているメカニズムが解明されないかぎり、このような志向やレリバンスは、それ自身あいまいなままである、ということだ。この制度的文脈への志向やレリバンスというものと、具体的相互行為の詳細を連結するメカニズムとして、かれが考えているのが、発話交換システムなのである。いいかえれば、発話交換システムの変異によってはじめて、制度的文脈への志向やレリバンスが受肉するといってもよいだろう。要するに、レリバンスや志向性というものは、相互行為内トークの特定のあり方のなかにあらわれる、あるいははっきりいってしまえば、相互行為内トークの特定のあり方そのものであるといってもよい。あるいは、さらにわれわれの表現を使えば、レリバンスや志向性は、相互行為内トークのなかで「示される」のである。

ただし、このようなシェグロフの議論には、べつの含意があることにも注意しておかなければならない。それは、あいまいで漠然とした社会構造や制度的文脈という概念や、それらへの伝統的な関心にできるだけ引きずられず、できるだけそのような概念を使わずに済まそうというものである。あいまいな社会構造や制度的文脈ではなく、相互行為の組織・構造そのもの（＝会話交換システム）を、文脈として考えるべきだということだ（Schegloff 1987：220-1＝1998：161）。たとえばかれは、「実験室」という場面をとりあげて、そこには、まったく異なる発話交換システムがみられることを指摘している（Schegloff 1991：54-6, 1992：114-6）。かれは、社会構造への照準と、会話（相互行為）への照準とのバランスの問題に注意を促し、相互行為の詳細が、安易な社会構造への関心によって吸収されてしまうことに対して、強い警告を発している（Schegloff 1991：57-65）。そういう意味では、会話分析のなかに、二つの立場があるということさえできることになる。ヘリテッジは、それについて、つぎのように述べている。

> したがって今日では、少なくとも二つの種類の会話分析的研究が行われている。それらは、さまざまな仕方でオーバーラップしてはいるが、分析の焦点が違っている。第一の種類の研究は、相互行為という制度を、それ自身の権利における実体として検討し、第二の種類の研究は、相互行為のなかで、社会的制度が管理されることを研究している。（Heritage 1997 : 162）

さらにポール・テン＝ハーベ Paul ten Have は、前者を「純粋会話分析」と呼び、後者を「応用会話分析」といういい方で区別している（ten Have 2001 : 5）[18]。

4　認知主義／記述主義の陥穽

すでに、第2節（2）で述べたように、言説分析の諸研究は、「語られる」内容や主題という強力な磁場にとらえられている。かれらによれば、外的世界のできごとや内的で心的な現象すべてが、言説のなかで「語られる」ことによって、いいかえれば、言説のなかで記述されたり、定式化されたり、カテゴリー化されたりすることによって、「事実」として社会的に構築されるというのである（当然、できごとにしろ、心的な現象にしろ、それらが言説のなかで「語られる」ことから独立した事実としての地位をもつことは、否定ないし判断停止される）。もちろん、外的世界のできごとや内的で心的な現象には、さまざまな言説に応じて、さまざまなバージョンがありうることになり、したがって言説は、そのようなさまざまなバージョンが、その事実性を競い合う場、いわば事実性をめぐる闘争の場でもある。そのような場で、どのようなバージョンが、外的世界のできごととして、あるいは心的状態として、正当なものと認められるかが決まっていく。したがってかれらの関心は、ひとびとがいかにしてあるバージョンを説得的に提示するのかという方法の問題、すなわちレトリックの問題に収斂していくことになる。

さらにかれらは、たしかに行為や言説の「実践」としての性格をたいへん強調しているのだが、それは、あくまで事実の構築という媒介を通してであるということにも、注意をはらわなければならない。

たとえばジョナサン・ポッター Jonathan Potter は、「記述は、われわれの生活に結びついており、どんな会話も、できごとや行為の報告を含んでいる」（Potter 1996：1）と述べたうえで、かれの研究の目的として、つぎの二点をあげている。すなわち第一は、いかにして記述が産出され、事実として扱われるかであり、第二は、事実の記述と行為の関係、つまり記述を用いて、どんな種類の活動がなされているか、いいかえれば、いかにして特定の行為は、記述によって遂行されるのか、である。かれの研究が照準しているのは、「記述が事実となる仕方であり、記述が何に使用されるか」（Potter 1996：7）にほかならない。

つまり、かれらはいっけん言説を実践としてとらえようとしているようにみえるのだが、それはあくまで記述や報告による事実性の確立を媒介にしているということである。しかしながら、もしこのような立場をとるなら、言説を実践として考えるというい方は、その内実を失ってしまうということを指摘しなければならない。というのも、言説が実践であるという場合、問題になっているのは、たんなる記述や報告でさえ、社会的に効力や帰結をもたらす実践であるということではあっても、逆にあらゆる実践が、何らかの記述や報告を前提としたり、ともなったりするということでは、まったくないからである。実践が記述や報告による事実の構築を媒介にするというのなら、結局のところ、あらゆる実践＝言説が、報告や記述に還元されてしまうのであって、それでは、そもそも「実践」などという概念を導入する意味はなくなってしまう。

ところで、かれらは一方で、社会的な行為としての記述や報告にもっぱら注目するのであるが、他方で、知覚を外的世界のできごとの内的・心的表象とみなしたり、思考をそのような心的表象の操作とみなしたりするような認知主義 cognitivism に対しては、少なくとも表面上は、批判的なスタンスを維持しようとしている。

たとえばポッターは、事実と記述を理解するために重要な含意をもつ三つのテーマの一つに、「反認知主義」をあげ、認知主義が拒否されなければならない理由として、以下の三点をあげている（Potter 1996：103-4)。第一に、そもそも内的で心的な「実体」として表象を想定すること自体の問題。第二に、表象が、それを使用する実践から分離してしまい、表象や記述によって何がなされるかに注意がはらわれていないということ。つまり相互行為に組み込まれた記述や表象が問題なのであって、知覚や表象のような、頭のなかの実体が問題なのではないということ。第三に、認知は、むしろしばしば社会的な場面で行われる記述の主題であるということ。したがって認知は、内的で心的な現象であるというよりも、むしろ社会的で言説的な主題として、取り扱われるということ。

デレク・エドワーズ Derek Edwards とポッターも、かれらの研究の目的が、第一に、心理現象を言説に関連づける新しいモデルを描くこと、第二に、言説心理学を支える分析的仕事のタイプを描くこと、そして第三に、知覚的認知主義との批判的コントラストを展開することにあるとして、つぎのように述べている。

> われわれが関心をもっているのは、知識、認知、現実の性質である。つまり、いかにしてできごとが記述され、説明されるのか、いかにして事実の報告が構築され、いかにして認知的状態が帰属されるのかに、われわれは関心をもっている。それらは、言説の主題（トピック）として、つまりひとびとが主題化したり志向したり含意したりするものとして、言説のなかで定義される。そのような言説的な構築物を、発話者の認知的状態の表現としてみるのではなく、むしろそれらは、……状況づけられた構築物として……検討されるのである。(Edward and Potter 1992 : 2)

すなわちかれらは、一方で、いわば〈社会的〉な記述をことのほか重視するのに対して、他方で、心的な認知を拒否しようとしているのである。このことは、かれらが目指しているものがいったい何なのかを明らかにしてくれる。かれらが目指しているのは、とりもなおさず心的な認知を〈社会的〉な記述によって置きかえようということである。

たしかに、かれらのいう「記述」は、それに先立って独立に存在するものとしての客観的事実を想定してはいないから、それを「記述主義」と呼ぶのは、適切ではないといわれるかもしれない。だがしかし、行為や言説を、それらが何ものかを「記述」するものとしてしか考えない〈記述される対象が記述そのものから独立しているかどうかにはかかわりなく〉という意味では、かれらは間違いなく「記述主義[19]」者である。そして何よりも、もし、記述の前提として、記述から独立した客観的事実を想定することだけが問題なのだとすれば、認知にしても、認知に先立つ客観的事実の想定だけが問題なのであって、認知によって事実が心理的に構築されるといえば、それだけで済むはずである。心的な認知そのものを批判する根拠は、そこからは出てこない。つまり、「事実」がそれを記述するという営みから独立しておらず、〈社会的〉な構築物であるというなら、心的表象もまた、外的世界を正しく表象しているかどうかとはかかわりなく、心的な過程によって構築される心的な構築物である、といえば済むのであって、それでもなお、心的な過程そのものを否定する根拠はまったくない。だからこそ、このような理論構成では、心的現象が、言説のなかで〈社会的〉に構築されること自体は受け容れられたとしても、それでもしかし、それとはべつに、何らかの心的過程や心的な構築物があるはずだという反論に対しては、それ以上応えることがけっしてできないのである。

なぜ認知過程を想定することが問題なのかといえば、それが〈社会的〉な記述を考慮に入れていないからではない。心的表象を媒介として、表象のルールにしたがった何らかの心的操作によって、意味や理解が生じているという見方そのものが問題なのである。だとすれば、〈社会的〉記述を媒介として、記述のルールにしたがった何らかの〈社会的〉操作によって、意味や理解、あるいは実践的効果が生じているという見方も、まったく同様に、問題にしなくてはならない。

大事なことは、認知や記述の対象が、そうした営みから独立しているかどうかではないし、心的認知を社会的記述に置きかえることでもない。認知や記述によってのみ、何ものかが何ものかとして構成されるとか、そうして構成された事実を媒介にしてのみ、実践が成り立つと考えること自体が批判にさらされなければならないのである。ジェフ・クルター Jeff Coulter も指摘しているように、かれらは、認知主義批判の射程の広さをまったく理解していない（Coulter 1999 : 165=2000 : 126）。

われわれがここで問題にしているのは、何ものかを表象したり記述したりすることだけが、何ものかを何ものかとして構成するという考え方そのものなのである。われわれが現実の相互行為に目を向ければ、けっしてそのようなことは起こっていないことがわかるだろう。むしろ何ものかを明示的に主題として記述したり報告したりする相互行為の方こそ、特殊なものなのであって、そうでなければ事実が構築されないなどということは、およそ現実離れしている。通常われわれは、そんなことはしていないはずなのである。われわれは、インクのシミをまず表象して、それを意味あることばに変換しているわけではないし、発言をまず記述として扱い、しかるのちに、その記述がどのような実践的含意をもつかを推論しているわけでもない。われわれは、けっしてそのような二段階の手続きを踏んではいないのである。その意味で、心的表象も社会的記述も、いわば同罪なのだ。心的な表象や認知を社会的な記述に置きかえただけでは、認知主義・記述主義・表象主義のもつ問題点そのものを乗り越えることはけっしてできない。

ところで、このような記述主義は、会話分析が主張する「内在性」の原理とは鋭く対立する。というのも言語のはたらきを記述に限定するなら、「示し」の領域は排除され、もっとも大事な実践的要素は——それは「示される」ものであって、「語られる」＝「記述される」ものではないから、見過ごされてしまう。そして「示される」ものとしての実践的要素こそ、相互行為の「文脈」を形成するものであるはずだから、それが見過ごされれば、その「文脈」は、分析者がいわば勝手に外部から付与せざるをえなくなってしまうのである。つまり「示し」の原理を見落とすことは、「内在性」の原理を見失うことであり、残されるのは、「語り＝記述」の原理であり、「外在性」の原理だということになる。

この考え方にたてば、相互行為を内在的に理解するなどということは、できない相談なのである。というのもかれらにとって、記述の正当性は、最終的には、もっぱらその記述が含まれる言説のなかで決定されるのであって、したがって記述は、はじめから記述の対象に対して外在的なものでしかありえないからである。ビリグはまさにこのような前提にたって、シェグロフに批判を投げかけていたはずだ。会話分析が主張する「内在性」と「示し」の原理は、明らかにこのようなものとは異なる可能性に向けられている。ヘリテッジの以下のような指摘が、導きの糸となるであろう。

会話的相互行為は、順番ごとに行われる行為の組織によって、構造化されている。この組織によって、公的に示され、絶え間なく更新される相互主観的理解という文脈が、体系的に維持されている。参与者たちが、「トークの状態」を、互いにどのように理解しているかを示すのは、トークのこの「順番ごと turn-by-turn」という性質を通してなのである。こうして示された理解は、参与者たちのシークエンシャルに組織された活動の、ある種の副産物あるいは間接的な結果として生じるので、「理解」それ自身の問題は、会話的「表面」では、ほとんど主題化されることはない、ということに注意をはらうことが重要である。……このようにして相互的理解は、会話的相互行為のシークエンシャルに組織された詳細のなかに、ガーフィンケルの用語を使えば、「受肉するようにして」示されるのである。さらに、こうした理解は、公的に産出されるので、社会科学的な分析の資源として、それらを利用することができるのだ。（Heritage 1984 : 259）

［注］

（1）ここでとりあげる諸研究の場合、訳語としては「談話分析」の方がしっくりするような気もするが、それらが少なくとも表面上は、ミシェル・フーコー Michel Foucault との関係をうたっていることもあり、「言説分析」で統一する。

（2）レリバンスについては、Schutz（1970=1996）や Sperber and Wilson（1986=1993）の議論が参考になる。いずれにしても問題になっているのは、文脈の選択性という問題である。
（3）ほぼ同様の論点は、Schegloff（1987=1998, 1991, 1992）でも、すでに展開されている。
（4）サックスは、このように、母集団のあらゆる任意のメンバーをカテゴリー化することのできるカテゴリー化装置の特性を「Pn 適合的」と呼んだ（Sacks 1972：33＝1989：98）。
（5）周知のように、この種の古典的研究は、Zimmerman and West（1975）である。
（6）シェグロフは、「発言の意義は、それが発話される仕方にある」（ガーフィンケル）という意味で、自らの分析を「形式」分析と呼んでいる（Schegloff 1997：179）。
（7）言説心理学については Edwards and Potter（2001, 1992）や Harré and Gillett（1994）を参照。
（8）言説の定義については Parker（1992：3-22）、あるいはもちろん Foucault（1969：49＝1981：77）も参照。簡潔な説明としては、Burr（1995：48-51＝1997：74-9）が便利である。
（9）ウェザレルは、このような立場にたてば、社会空間の全体が言説空間となり、言説とそうでないもの、トークと世界を区別することは意味がなくなると述べている（Wetherell 1998：393）。
（10）シェグロフの応答（Schegloff 1998）は、いたって簡潔なものだ。かれは、ウェザレルのいう「なぜこの発話がここにあるのか」という問いが、会話分析にとって問題であったことはないといっている。それは、参与者たちの問題であって、分析者たる者の問題ではない――その意味では、それに答える必要はない――というわけである。
（11）このような点については、本書第一章を参照。
（12）これに対するシェグロフの返答（1999a）は、イデオロギー批判の部分に反応しているので、ある種の水掛け論になっているが、日常会話がかならずしも「平等性」と結びついているわけではないという主張は、興味深い。この点については、Atkinson（1982）も参照。

(13) これについては、Drew and Heritage（1992 : 4）を参照。

(14)「会話の順番取り」についての簡潔な説明は、山田（1999）や西阪（1995）を参照。

(15) 代表的なものとして、Zimmerman and Boden（1991）や Drew and Heritage（1992）を参照。また山田（1995）や好井（1999）は、紹介を含めて、この問題について体系的に論じている。

(16) この点については、Heritage（1984 : 238-40）を参照。

(17) ドリューとヘリテッジは、制度的トークの研究の焦点として、①語彙の選択、②順番のデザイン、③シークエンシャルな組織、④全域的な overall 構造的組織、⑤社会的認識論と社会関係、をあげている（Drew and Heritage 1992 : 28-9）。

(18) しかしながら後者の立場も、「内在性」の原理を放棄しているわけではないから、そこに「内在性の呪縛」からの解放をみようとする主張（好井 1999）には問題がある。この点については、田中（1999）も参照。「内在性」の原理を放棄することは、本章で扱っている言説分析の決定的誤りをも抱え込むことになる、ということを忘れてはならない。

(19) ここでいう「記述主義」とは、エスノメソドロジー・会話分析が「理論化」や「説明」と対立させて使用する場合の「記述」を指すのではなく、ジョン・L・オースティンが、言語のはたらきを記述に限定し、示し indication のはたらきを見過ごす傾向を「記述的誤謬」と呼ぶ（Austin 1976 : 3=1978 : 7）ような場合の「記述」を指している。

第Ⅱ部　〈社会的なもの〉の誕生と〈社会〉の編成原理

第四章　言説と権力

1　言語の問題と社会学

「言語の問題」――ここで念頭にあるのは、一般に「言語論的転回」[1]と呼ばれる動向のことだ――は、たぶん二〇世紀の哲学・思想そして社会学にとって、もっとも大きな問題の一つであったに違いないし、そのことは、現在においても、基本的に変わっていないと思う。

リチャード・ローティ Richard Rorty によれば、「言語論的転回」とは、哲学が、もはや意識や精神ではなく（あるいはその代わりに）、言語へと向かう（言語が主題になるとともに方法にもなる）運動であったとされるが（Rorty 1982 : 27=1985 : 118）、思いきって単純化するなら、その契機となったのは、言語をめぐるつぎのような疑念だったのではないだろうか。つまり哲学や思想、いいかえれば思考という営みとその表現や伝達にとって、あたかもまったく「透明な媒体」[2]として、自らの存在を主張することなく、ひたすら思考とその表現や伝達に奉仕するはずであった言語が、じつはけっしてそれほど従順な道具や手段ではないのではないか、という疑念である。もっとも、言語の透明性という想定自体が、きわめて近代的な産物であるということを考慮に入れるなら、こうした疑念は、むしろ必然的で当然の反動であったといった方がよいのかもしれない。(3)

　ところで、言語が思考とその表現や伝達にとって「透明な媒体」であるという想定は、言語ひいては記号が果たすとされる本来的な機能――言語や記号が、自らとは異なる何ものかを代理あるいは表象するということ――と密接に関係している。われわれが言語や記号をそのような表象性という観点からみているかぎり、言語や記号は、われわれの目のまえで消え去り、もっとも身近で可視的であるとともに、けっしてそれ自身の存在を表にあらわさない不可視な存在と化してしまう。そのとき、言語や記号は、あたかもそれ自身は存在せず、ひたすら何ものかの代理として、何ものかを表象しつづける「透明な媒体」と化すわけだ。したがって、言語を「透明な媒体」と考えることは、言語をその表象性のみにおいてとらえることであり、逆に言語がかならずしも「透明な媒体」にとどまらないということは、言語が純粋に何ものかを表象するのではなく、自らの存在を主張し、その意味で、「不透明なもの」になるということだ。つまりそこで問題となっているのは、何ものかを表象するはたらきを停止し、自らの存在に注意を押しとどめるようなものとしての言語のあり方にほかならない。

　しかしながら、だからといって、言語の「不透明性」とは、たんに言語が文字や音声といった「物質性」から切り離せないものであるということにはとどまらないし、したがって言語をたんにその物質的な存在においてとらえ、還元すればよいということにはならない。なぜならそれは、もはや言語とはいえない、まったくべつの何ものかに目を向けることに過ぎないからである。さらにいえば、言語の不透明性を、それが言語の意味（つまり言語の「透明性」）に与える付加的で二次的な効果として考えることもできない。それではふたたび言語が透明性のなかに消え失せ、ふたたび言語の意味の世界へと回収されてしまうからである。その意味で、言語がけっして透明な媒体ではないという洞察は、言語をたんに不透明な存在へと反転するというのではなく、そしてまたその不透明性をふたたび透明性の原理へと回収するのでもなく、いわば透明かつ不透明である言語のありようを直視するという困難な課題へとつながっている。

たしかに、フランソワ・レカナティ François Récanati がみごとに明らかにしているように、この透明かつ不透明な言語という表現は、けっしてレトリックではないし、またけっしてパラドクスでもない（Récanati 1979=1982）。むしろ解決困難なパラドクス（自己言及のパラドクス）は、ラッセル Bertrand Russell がそうしようとしたように、すべての言語をその透明性のうちに閉じ込めようとしたときに、はじめてあらわれてくるのであって、不透明性を受け容れること自体に問題があるわけではない。ヴィトゲンシュタイン Ludwig Wittgenstein にしたがうなら、言語をその使用のうちでとらえ、何ものかに言及する（何ものかを語る）ものとしてだけではなく、自らを「呈示する（示す）」というはたらき（それはけっして自らを語ること＝自己言及ではない）を受け容れることは、ラッセルが回避しようとした問題それ自体が、言語についての誤った理念にもとづくものであり、したがってそれを排除したり禁止したりする必要もない、ということを明らかにしてくれる。われわれは、言語をその透明な意味へと還元するのではなく、むしろ世界内で起こるできごと、実践としてみていかなければならない。

その意味で、言語運用が世界の記述ではなく、行為であり実践であることに照準したジョン・L・オースティン John L. Austin の発話行為論 speech act theory が、このような展開の延長線上にあることは、いうまでもない。かれは、言語が世界を記述するだけだと考える「記述主義」を厳しく批判して、発言が行為遂行であることを明確にした。しかしながら、発話行為論を体系化したジョン・R・サール John R. Searl は、オースティンが明確に区別しようとした意味と発語内効力（発語内の力）を無効化し、力の問題は、ふたたび言語的な意味の世界に回収されていくことになる。[4] だが、こうした成り行きも、ある意味で仕方のないことなのかもしれない。というのも、言語の果たす実践的な連関を明らかにするためには、言語そのものではなく、むしろ実践的な連関それ自体をとらえようとする社会学の方が有利なのかもしれないからである。

今日の社会学のなかで、言語に照準し、その実践的な連関について議論しているのは、言説分析（談話分析）と会話分析であろう。しかしながら、この両者は、ともに言語的な活動を社会学的な分析の対象としているという共通性をもつにもかかわらず、そこにはかなり決定的な違いがある。すでに前章で明らかにしたように、言説分析（談話分析）は、言語の不透明性や、「自己呈示（示し）」の可能性、そしてその問題を実践と結びつけて考えるというような観点を表向きには重視しているものの、実質的にはそれを裏切ってしまっている。そこにあらわれているのは、そうした方向とはまったく逆行する記述主義的で、認知主義的な言語観である。

本章では、言説分析（談話分析）の一つの源流であるミシェル・フーコー Michel Foucault にさかのぼって、言説（とくに科学的言説）と権力の問題について考えてみたい。たぶん、うまくいけば、かれの議論のなかから描き出される（科学的）言説と権力の関係は、いわゆる言説分析（談話分析）が考えるような記述主義的なものとは、一線を画すものであることが明らかになるはずだ。

2　「言表」の水準——言語の透明性と不透明性

よく知られているように、フーコーは『知の考古学』（Foucault 1972=1981）のなかで、言語的な活動（かれはそれを「言表 énoncé」とか「言説 discours」と呼んでいる）を、あくまでそれ自身の存在と厚みにおいてとらえ、記述するという独自のアプローチを展開した。すでに述べたように、一般に言語的な活動は、その背後あるいは基底に隠されているとされる、それを書いたり話したりする主体が与える意味や、あるいはそれが表象し指示している事実（事態）という、いわば自らとは異なる何ものかを意味したり表象するものとして取り扱われてきた。しかしながら、そのことによって言語的な活動は、透明な媒体として、われわれの目のまえから消え去り、それ自身が一つのできごとであり、事実であるということ、すなわち厳密な意味での、言語的な活動それ自身の存在の事実性が見失われてきたのである。したがってフーコーは、言語的な活動を一つのできごととして、他のできごととの関係のなかで生起する一つのできごととしてとらえなければならない、と主張する。もしそうだとすれば、言語的活動は、それを生みだす主体の意識に還元されたり、あるいはまた世界を表象し記述するものとしてではなく、世界内で生起するできごととして、つまり実践的な営みとしてみていかなければならない。したがってその延長線上には、言語的活動をひとつの力（権力）としてとらえる可能性もみえてくることになるだろう。

> もちろん、言説は記号から成り立っている。しかしながら、言説が行うことは、ものを指示するためにこれらの記号を使用する以上のことである。これらの記号を、言語（ラング）や発言に還元不可能にしているのは、まさにこのそれ以上なのだ。われわれが明らかにし、記述しなければならないのは、まさにこの「それ以上」なのである。（Foucault 1969：67＝1981：77）

フーコーが言語的活動を「言説」あるいは「言表」と呼んでいるのは、言語的な活動の、できごと、事実そして存在としてのありようを明らかにするためであり、ふたたび言語の透明性と不透明性というメタファーを用いるなら、フーコーがとらえ、そして記述しようとしたのは、まさに言語の不透明性の水準であったといってよいだろう。

したがって言表の記述は、言語運用の背後に、あるいはその表面の下に、隠された秘密の意味を発見しようとはしない。むしろ言表そのもの、つまりその「表面」に徹底的にこだわらなければならない。しかしながらそうはいっても、言表は、けっして直接にみえるものではない。なぜならそれは透明な言語と化しているからであって、目のまえにあり、少しも隠されていないにもかかわらず、まったくみえなくなっているからである。「言表は、みえるものではないが、だからといって隠されているわけでもない」（Foucault 1969 : 143=1981 : 166）。言表は、もっとも身近にあり、あまりによく知られ過ぎているために、かえってそのことによって身を隠しているのである。

言語には、つねに他のもの、他の場所、隔たりが住みついているようにみえる――言語は不在の空洞を宿しているのである。言語は、自分以外の何ものかがあらわれる場所ではないのか？　言語それ自身の存在は、この機能のうちで、霧散するようにみえるのではないか？　しかしながら、言表の水準を記述しようとするなら、われわれは、言語それ自身に注意をはらわなければならない。言語を、それが言及するものの方向においてではなく、それが与えられる次元において、問いたださなければならない。言語が指示し、命名し、示し、明らかにし、意味と真理の場所であるという力を無視し、その代わりに、そのユニークで限定的な存在を決定する契機に注意をはらわなければならない。（Foucault 1969 : 146=1981 : 169-70）

このように、言語をその不透明性においてとらえること、それは、とりもなおさず言語をその「物質性」においてとらえることになるだろう。だがしかし、ただたんに言語をその「物質性」に還元すればよいというわけにはいかない。なぜなら、言表は単純に「物質性」の次元にあるというわけではないからである。

言表が形成されるためには、規則正しい言語学的構成が必要というわけではない。……しかし、言表が存在するためには、なんらかの言語学的諸要素が物質的に生起すればよいというわけでもない。それゆえ言表は、言語と同じ仕方で存在するのでもないし、……知覚に与えられた対象（物質）と同じ仕方で存在するのでもない。（Foucault 1969：114=1981：130）

フーコーによれば、言表は、文や命題や言語行為などといった「言語的な」単位＝統一体ではない。しかしながら、それはまた、物質的な対象がそうであるような単位＝統一体でもない。言表は、まったく言語学的でもなければ、まったく物質的でもないような、それ独自の存在様態をもっている。あえていえば、それは言語の限界もしくは言語の残余、あるいは理念的なものと物質的なものの境界、混じりあい、あるいは言語的・記号的なものがそこから生成する場、領域、空間として、いまだ完全には統一性＝意味が完成していない、そうした総体、あるいは言語的・記号的なるものの可能性の条件、である。いわば言表とは、このような独自の存在様態を可能にする機能であるといってもよい。フーコーは、そのような総体、可能性の条件のことを言表の「関連枠 référentiel」と呼んでいる。(5)

言表の相関物として規定されうるものは、（ものの状態とか、関係ではなく）そこにおいてそのような対象があらわれうる、またそのような関係が帰せられうる諸領域の総体である。（Foucault 1969 : 120=1981 : 138）

言表は、命題が指示物をもったり（もたなかったり）、あるいは固有名がだれかを指し示したり（指し示さなかったり）するのと同じように、相関物――あるいはその不在――に、（いわば面と向かって）向かいあっているわけではない。言表は、むしろ「関連枠」――それは「もの」「事実」「現実」「存在」といったものから構成されるのではなく、そのなかで名づけられ、指し示され、記述される対象にとっての、またそのなかで肯定されたり否定されたりする関係にとっての、可能性の法則や存在の規則から構成される――に結びついている。言表の関連枠が形成するのは、場、条件、出現の領域、審級であり、そのなかで、個人、対象、ものの状態、関係といった、言表それ自身によってはたらきはじめるものが、識別されるのである。言表の関連枠が規定しているのは、文にその意味を与え、命題にその真理値を与えるものの出現と限界の可能性なのである。文法的水準や論理学的水準と対比された、言表的水準を特徴づけているのは、……この総体なのである。（Foucault 1969 : 120–1=1981 : 138–9）

したがってフーコーが言表の「関連枠」と呼んでいるのは、そのなかで文の意味や命題の真理値がもたらされるような、可能性の領域、可能性の空間であるといってもよい。いいかえれば、言表は、単純に対象や事態と対応しているのではなく、いわばそのような対象や事態を可能にする領域あるいは空間をともにつくりだしているのである。その意味で、言表は、いわば自らを可能にする領域あるいは空間をともに可能にしているといってもよい。たしかに奇妙ないい方である。なぜなら、自らを可能にする領域あるいは空間をともに可能にするというのは、端的に自己言及的だからである。自らの可能性の条件を自らつくりだすというのだから。

したがってこのような試みを、言語的な活動のメタ的な規則を探求するものと考えたり、さらにはそれを自己言及のパラドクスだとして拒否するのはたやすい。しかしながら、すでにわれわれは、自己言及のパラドクスが、言語の透明性という誤った前提にもとづいた幻想に過ぎないことを知っている。言語の不透明性を認め、言語の自己呈示（示し）の領域を認めるなら、そこには自己言及もそしてパラドクスも生じない。したがってフーコーが試みているのは、やや強引にヴィトゲンシュタインの用語に翻訳するなら、まさに「自己呈示（示し）」の領域を記述することだといっても、まったく的外れにはならないだろう。もっともこの「示し」の領域の記述は、あくまで、最終的に言語の意味には還元できないということもつけ加えておかなければならない。それはまさに実践的領域、（権）力の領域へと開かれているのである。

3　「規律」とはどのような力なのか――身体と権力の奇妙な関係

フーコーは、『監獄の誕生』（Foucault 1975=1977）で、権力の問題に関心を移したとされているし、たしかにそこでは、言説や言表という問題は、それほど前面には出ていない。しかしながら、身体にはたらく規律権力の問題は、性にはたらく権力の問題として、後に明確に言説と結びつけられていく。後者についてはは次節で論じることにして、ここでは、「規律 discipline」と呼ばれる権力について復習しておこう。

まず、もっとも基本的な論点は、権力を考えるための準拠点としての法と規律の違いであり、あるいは「法権力（権利）から規律権力へ」という歴史的変容である。法権力とは、なによりも「分割」、つまり法にかなうものと法に（違）反するものとの分割であり、さらにいえば、法に（違）反するものの禁止、抑圧、排除にほかならない。つまり、抑圧や禁止や排除というのは、厳密な意味で、法に対応する操作であって、もちろん規律もまたそのような操作から完全に自由ではないにせよ、それはあくまで「消極的」な機能でしかない。

それに対して、規律が本来もっている特徴は、それが一種の行動プログラムであり、当然それがある種の規則であるかぎり、禁止や排除をともなうものではあっても、むしろ積極的にある特定の行動や関係を実現することに焦点が移行しているということにある。いわば、何かをさせない力ではなく、むしろ何かをさせる力であり、後のフーコーの定式化にしたがえば、「殺す権力から生かす権力へ」の転換ともパラレルである。法は何をしてはならないかを規定するのに対して、規律は何をしなければならないかを規定する。

法と規律のこのような相違は、さまざまなさらなる帰結をもたらしていくのだが、そのまえに、フーコーによる規律の定義をみておこう。

身体の運用の注意深い統制を可能にし、身体の力 force の恒常的な支配を保証して、身体の力に従順－効用の関係を課す、このような方法が、「規律」と呼びうるものである。(Foucault 1975：161=1977：143)

フーコーによれば、どのような社会でも、身体は権力によって捕捉され、拘束や義務を課せられるのだが、規律という方法あるいは技術の新しさは、なによりも身体を、大雑把なかたまり（複数の身体のかたまりであるとしても、あるいは単一の身体のかたまりであるにしても）として扱うのではなく、それを細部へ（集団を個人へ、あるいは個人をその要素へ）と分解し、そうした細部へとはたらきかけていくという点にある。「規律は、細部についての政治解剖学なのである」(Foucault 1975：163=1977：145)。

このことはまず、身体の存在する空間の配分の問題として生じていく――配分の技術。個別化され、分解された空間へと個人を配分していくこと――それは、閉鎖の原則からはじまり、内部空間を再構成し、集団中心の配置をばらばらに分解し、個人に一つの空間（独房）を定めていく。「規律の第一の主要な操作は、『生けるタブロー *tableaux vivants*』を構成すること、つまり混乱した、役に立たない危険な群衆を、秩序づけられた多様性へと変換することなのである」（Foucault 1975 : 174=1977 : 153）。

細部へと分解する力は、たんに集団を個人へ分解するというだけではもちろんない。統制の対象としての身体は、さまざまな動作や運動からなる有機的な組織であり、そうしたものがつくりだす力である。その意味で身体は、かつて王の権力がそれを顕示し、あるいは犯罪者やそれを支持する民衆がそれに対抗しようとしたような象徴的な場としての身体ではもはやない。身体の運動は、要素へと分解され、そして再構成されることによって、効率のよい身体の運動がつくりあげられていく。

フーコーによれば、このような規律の技術によって、「自然な身体」が組み立てられていくが、この自然性は、すでに個人化を含んでいる（個人によって「自然」な動作には違いがある）。規律権力は、個人中心の配分技術という意味（独房本位）で、「個人性」がともなっているばかりでなく、個々人によって「自然な動作」には違いがあるという意味でも、「個人性」をともなっているのである。

ここには、集団や個々の身体を分解し、再構成することによって、一種の行動プログラムをつくりだし、身体をそれに服従させるという、規律のわかりやすい側面がみてとれる。しかしながらそれと同時に、そのような分解と再構成、あるいは行動プログラムの構成は、けっして恣意的・外在的に行われるのではない。というのも、それは、身体の「自然」あるいは社会の「自然」というものの「発見」と相関しており[6]、つまりそれは「自然」の力を「解放」し、増大させることでもあるからだ。ここに、規律というものがもっている、とても奇妙な姿があらわれてくる。

> 規律は、身体の力を増大させ（効用という経済的意味で）、その同じ力を減少させる（服従という政治的意味で）。簡単にいえば、規律は身体から（権）力を分離させ、一方では、その（権）力を「適性」や「能力」へと変えて、それを増大させようとするが、他方では、活力とそこから帰結する（権）力のコースを反転させて、厳格な服従関係へと変えるのである。経済的な搾取が力［労働力］と労働生産物を分離させるとするなら、規律的な強制は、身体において、増大する適性と、増大する被支配とを強く結びつける連結を確立するのである。（Foucault 1975 : 162=1977 : 143-4）

一方における能力や適性の開発や強化と、他方における服従や被支配とは、いったいどのような関係にあるのだろうか。この両者は、かつてはけっして同時に達成可能なものではなかった。相手を服従させ、支配するためには、何よりもまず相手の力を減少させること、すなわち抑圧や禁止が必要だったのであり、相手の能力や適性を開発したり強化することは、そのような支配‐服従関係を危うくするもの以外の何ものでもなかったのである。それに対して、フーコーが規律というもののなかに見いだしているのは、この両者がもはや矛盾しないような関係をつくりだすこと、さらにいえば、両者がともに増大するような（相手の能力や適性を開発し強化すればするほど、相手をより強く服従させるようになる）関係をつくりあげるということなのだ。どう考えても、ここにあるのは、奇妙で不思議な関係ではないか。

　では、このような奇妙な関係は、いったいどのようにして可能になっているというのだろうか。一方で、支配とは、かならずしも相手を屈服させるとか、命令にしたがわせるということではなく、ある秩序にしたがった行動をさせることであると考えなければならない。相手の行動の可能性が、たとえばあらかじめ構造化された選択肢によってコード化可能であるとか、あるいは一定の基準や尺度によって測定可能であるかぎりで、それらはあくまで秩序だったものであり、支配の枠内にあると考えること。他方で、開発され強化される力とは、なにものをも前提としない、いわば野性的で無秩序な力ではなく、あくまで秩序だった力の強化であると考えなければならない。そもそも能力や適性という言い方自体が、それらがすでに構造化された尺度に沿ったものという意味で、秩序だったものであることをあらわしている。そうであるなら、たとえどれだけ力が増大しようと、その力はいわば枠組みに沿ったものであり、力が増大すればするほど、その枠組み自体はより確実なものになるとさえいえる。

　能力や適性の強化と、支配‐服従関係の強化という、いっけん矛盾する両者をつなぐ、この秩序こそが「自然な秩序（自然な身体）」にほかならない。さらに、この「自然な秩序（自然な身体）」なるものは、かならずしもひとびとにとって一様ではない――そこには「個人差」がある。したがって、さまざまな身体は、単純に一つの画一化された行動プログラムに強制的に服従させられるというかたちは、かならずしもとらない。というのも、むしろそれぞれが異なっており、多様であることにこそ、「自然性」があるのだから。したがって、この多様性は、「自然性」が高まるほど、増大していく。ここで求められているのは、まさに「秩序づけられた多様性」[7]の増大であり、より多くの秩序とより多くの多様性を同時に達成することなのである。

規律がもつ、このような独特のあり方は、すでに述べた法と規律の相違からも理解可能である。法は、単純な分割を行うものであった。それに対して規律は、禁止されるべき行為だけでなく、なすべき行為をも規定するので、そこには二極化した構造あるいは連続体があらわれる。「刑事裁判で行われたような、禁止という単純な分割に代わって、そこにあるのは、肯定の極と否定の極とのあいだでの配分であり、あらゆる行動は、よい評点と悪い評点とのあいだの領域に割りふられる」（Foucault 1975 : 212=1977 : 184）。その結果、個々人は、まさしく「多様性のある個別的要素」（Foucault 1975 : 200=1977 : 175）として、差異化され、個人化されるのである。そこでは、かならずしもひとびとに、画一的な行動や状態をむりやり押しつけるわけではない。そうではなくて、むしろ共通の基準・規格のもとで、多様なあり方を統一的に位置づけること、つまり秩序ある多様性こそが求められているのである。規律は、「大いなる分割」の後にくる、いわば大いなる多様化と増殖の時代をこそ象徴しているといわなければならない。

4　セクシュアリティの「大いなる多様化と増殖」の時代

前節の冒頭でも触れたように、フーコーは『性の歴史Ⅰ　知への意志』（Foucault 1976=1986）で、権力と言説の関係について議論している。かれはまず、近代社会における「性の抑圧」を仮定し、告発する言説に注意を促している。[8]しかしながら、フーコーが明らかにしようとしているのは、抑圧仮説が正しいかどうかではない。かれは、むしろ性の抑圧仮説を、抑圧を告発する言説とともに、近代社会の性にかんする言説の全体的な配置のなかで考え、そのような言説を事実として、実践としてとらえていこうとする。

> 私に本質的だと思われるのは、……性と、真理の暴露と、世界の掟の転覆と、新しい時代の到来の予告と、明白な至福の約束とが、ともに結びつけられた言説が、われわれの時代に存在しているということである。（Foucault 1976：15=1986：15）

そうした観点からみるかぎり、性について語らせようとする、性の言説化は、制約されるどころか、むしろ煽動され、ますます多くの言説を生みだしてきた、というのである。

一六世紀末以来、「性の言説化」は、制約をこうむるどころか、反対に、増大する煽動のメカニズムに服してきた。……知への意志は、タブーをまえにして立ち止まることはなく、性現象の科学を構成することに固執してきた。これらの運動こそ、私がいま、抑圧仮説とそれが訴える禁止と排除の事実をいわば迂回しながら、図式的に明らかにしようとしているものなのである。(Foucault 1976 : 21–2=1986 : 21–2)

フーコーによれば、一七世紀は、性にかんする抑圧の時代のはじまりとされているが、むしろ反対に、性の言説化が、禁欲的な僧院のなかのみならず、万人に要求された時代であった。たんに告解のように、性の掟に対する違反を告白する義務ではなく、およそ快楽と関係ありそうなすべて、自分のすべての欲望を言説化しなければならなくなったのである。さらに一八世紀になると、性について語らせようとする、政治的・経済的・技術的な煽動が生じてくる（性について分析・記録・分類したり、測定したり、因果的に探求したりする言説）、とされる。性について、合理的言説を述べることが要請されたのである。そのことは、性が経営・管理されるべきものとなったということを意味している。性は、「集団的・個人的な力の秩序だった増幅」としての「ポリス」の対象となった。

しかも性についての合理的言説は、一般理論のようなものではなく、たとえば人口統計学、生物学、医学、精神医学、心理学、道徳、教育学などの多様な形態をとり、分散し、細分化されていく、とされる。性のまわりに、多様で分散した言説の網の目がはりめぐらされていく。

フーコーによれば、このような性の言説化への煽動が、生殖という目的にしたがわない逸脱的なセクシュアリティを見つけ出し、それらを追放し、減少させるためのものであったと考えてはならない。「一九世紀と二〇世紀は、むしろ増殖の時代であった――セクシュアリティの分散、異種的形態の強化、『性的倒錯』をさまざまに埋め込んでいくこと。われわれの時代は、性的な異種性を創始したのである」(Foucault 1976 : 51=1986 : 48)。性倒錯という周縁的現象（同性愛、露出狂、フェチシストなど）が、つぎつぎと明るみに出され、饒舌に語りはじめる。しかしながら、言説化への煽動は、そうした性的倒錯を狩り出し、それに否定的レッテルをはり、効率よく排除するためのものではけっしてない、というのである。

ではそこで起こっているのは、いったいどういうことなのだろうか。性に沈黙を強いるのではなく、逆に性に語らせ、あるいは性について合理的・科学的で、しかも多様で分散した言説を関係づけていくような動向は、いったい何に関係しているのか。フーコーによれば、そこにあるのは、禁止するような権力ではもはやない。そうではなくて、性のまわりに言説をはりめぐらせ、それによってある秩序のもとに、性を捕捉するような動きである。

この異種な気質［一九世紀の精神医学者が名づけた倒錯者たち］のすべてに照準する権力の仕組みは、それを抑圧することを目指したのではなくて、むしろそれに分析的で、可視的で、永続的な現実性を与えたのである。それは、身体に植えつけられ、行動の仕方の下へともぐり込み、分類と理解可能性の原理とされたのだ――無秩序［異常なもの］の存在理由として、無秩序［異常なもの］の秩序として。これら無数の異常なセクシュアリティの排除ではなく、それら各々を特定化し、各々を領域として固め、強化しているのである。(Foucault 1976 : 60=1986 : 56)

したがって、このような権力は、法やタブーのように、セクシュアリティに限界を定め、異種的なセクシュアリティを排除するのではなく、むしろそれらを増殖させ、セクシュアリティの多様な形態を拡張しようとすると同時に、それらを諸個人の特徴づけの仕方として、個々の身体のなかに包含していく。権力は、セクシュアリティの抑圧ではなく、むしろ多様なセクシュアリティを生産し固定していくとともに、それによって諸個人を、自らの網の目のなかにとらえていく。ここにあるのは、「権力の拡大を通した、セクシュアリティの増殖」(Foucault 1976 : 66=1986 : 62) であり、したがってそこでは、快楽と権力は、互いに否定しあわず、むしろ強化しあうのである――「快楽と権力の無限の螺旋構造」(Foucault 1976 : 62=1986 : 58)。

しかしながら、このような事態は、性の抑圧や異種的なセクシュアリティの排除を、たんに逆転した事態ではもちろんない――性は抑圧されたのではなく、解放されたのだなどといっているのではない。性の「真理」を白日のもとに引き出し、さまざまな欲望を刺激し、多様なセクシュアリティを増殖・細分化させながら、同時にそれを一定の秩序にしたがったものとして規定していくこと、また逆に、そのような秩序づけによって、かえって多様化と増殖を可能にしていくこと、このようなポジティブな循環関係を形成していくことにこそ、もっとも重要なポイントがある。まさにそこにあるのは、身体に対して、その力（能力や適性）を増強させることによって、かえってますます服従させていくという、いっけんパラドキシカルな関係をつくりあげることと、まったく同様のメカニズムである。

身体の力（能力や適性）の増大と服従の増大を、身体の「自然」という秩序が媒介していたのと同様に、ここでも、セクシュアリティの増殖・多様化と従属を媒介しているのは、セクシュアリティの「自然」という秩序である。身体が「自然な秩序」によって、けっして画一化されるのではなく、むしろ個性化・個人化されていったのとまったく同様に、セクシュアリティの「自然な秩序」もまた、けっしてひとびとに単一のセクシュアリティを強制し、他の可能性を排除するわけではない。むしろそこにさまざまな異種的なセクシュアリティのありようをつぎつぎと発見し、固定化させていく――それを単純に排除のためとみなしてはならない。むしろ多様な欲望とセクシュアリティが、強化され、増殖させられているのである。

一方で、身体の力（能力や適性）、欲望、セクシュアリティは、強化、増殖、多様化しながら、他方で、より強力な服従や隷属がもたらされるということ、そしてこの両者を「自然な秩序」なるものが媒介していくということ、フーコーが生－権力と呼んでいるのは、身体と権力の、そのような奇妙な関係のことを指しているといってもよいだろう。

5　言説と権力の内在的関係——知への意志

すでにみたように、規律権力は、けっして身体の力やセクシュアリティを抑圧したり排除するものではなく、むしろ反対に、身体の力やセクシュアリティを積極的につくりだし、多様化し、増殖させようとするものであった。しかも規律権力は、そのことによって、かえってますますひとびとを従属させ、服従させ、支配の網の目にとらえていく。そして、このようないっけんパラドキシカルな関係は、それを媒介する「自然な秩序」なるものによって、可能になっていた。それによって、一方で身体の力を強化・増大させ、セクシュアリティを増殖・多様化させながら、他方でそれらを一定の秩序のうちに回収していくことができ、あるいは逆に、身体の力やセクシュアリティをその「自然性」のうちに秩序あるものとしてとらえ、体系づけていくことによってこそ、身体の力の強化やセクシュアリティの増殖が可能になるという関係がつくりあげられるのであった。

ただし、身体をめぐる規律権力についてのフーコーの議論と、セクシュアリティと権力をめぐるフーコーの議論を比較してみると、明らかに異なっているのは、後者には、明確に言説という問題が関係づけられているということである。規律権力をめぐる議論では、かならずしも前面に出ていなかった言説の問題——とくに科学的で合理的な言説の問題——が、そこでは、決定的に重要な役割を果たしている。そのことをどのように考えればよいのだろうか。

たしかに科学的言説あるいは知への意志こそが、権力と身体、あるいは権力とセクシュアリティとの奇妙でパラドキシカルな関係を取り結ぶ媒介としての「自然な秩序」なるものを見いだし、定義づける主要な装置であることは、間違いないだろう。科学的言説は、さまざまな尺度や基準によって、ひとびとのありようを測定し、記述し、特徴づけ、差異づけていく。もともと逸脱ケース（遅滞児）を発見するための装置であった「心理テスト」が、しだいに、すべてのひとびとを測定し、位置づけ、そして無限に差異づけていくことになったように（才津 1993; 重田 2003）。その意味では、科学的言説が「語る」内容が、「自然な秩序」なるものの真実性、事実性をつくりだしているのだという、言説分析的あるいは構築主義的な考え方には、たしかに一理ある。そしてそのような見方をフーコー自身もとっているのではないかと思われる箇所も少なくない。たとえば、フーコーは、セクシュアリティが、性の科学という言説の実践と相関関係にある概念にほかならないと述べている（Foucalt 1976 : 92=1986 : 89）。それは、性の科学がセクシュアリティなる「幻想」をつくりあげ、それをひとびとの内部に存在する何ものかとしてつくりあげたのだ、と読めないことはない。

だがしかし、それでは、なぜフーコーがあれほどまでに、言説や言表というものにこだわったのか、なぜ言語をそれが「語る」意味内容ではなく、その存在の厚みにおいてとらえようとしたのかが、まったくわからなくなってしまう。われわれは、すでに第二節で、フーコーが言説をできごととして、実践として考え、記述しようとしていたこと、そしてそれがヴィトゲンシュタインのいう、言語の「自己呈示（示し）」の領域に対応しているのではないか、ということをみてきた。フーコーが権力の問題に関心を移していくのも、言語の「自己呈示（示し）」の領域が、実践の領域であり、権力の領域だからである。

だとすれば、科学的言説が自らを呈示することを通して、実践として行なっているのは、自らが語る内容を保証された真実として構築することなのだと（たとえば、性の科学が「セクシュアリティ」なるものを真実として構築したのだというように）単純に考えてよいのだろうか。はたして、科学的言説は、たんに「自然な秩序」を語ることでつくりだし、その真実性を保証する権威としてはたらいているだけなのだろうか。そのようなはたらきを通して、権力と、身体やセクシュアリティとを、たんに媒介しているだけなのだろうか。

たしかに、そうした見方でも、さまざまな異なる記述が、何が真実（「自然な秩序」）であるかを争い、さまざまな立場やひとびとによって利用されるということは、発見できるかもしれない。しかしながら、それでは、科学的言説と権力の関係は、あくまで外的で間接的な関係にとどまり、科学的言説は、結局、権力とは独立したものということにならないだろうか。もしそうだとすれば、科学的言説（「自然な秩序」の記述）それ自身が、実践と権力の空間で、いったい何をしているのかという問いは、そもそも問うことのできない問題となってしまうだろう。フーコーが、あれほど言説と権力の内在的な関係にこだわったことを考えれば、これは、ほとんど自滅的な結論というほかかない。

われわれはすでに、「自然な秩序」なるものは、かならずしも（身体やセクシュアリティの）画一的なあり方を強要し、それ以外のあり方を排除するのではなく、むしろ（身体やセクシュアリティの）多様性と分散を可能にしていくものであることをみてきた。だとすれば、科学的言説は、何が真実（「自然な秩序」）かをめぐる争いを通して、たんに権力と外的で間接的な関係を結んでいるわけではない。そうではなくて、多様化や増殖という権力のはたらきと科学的言説の間には、より内在的な関係があると考えた方がよいのではないか。「自然な秩序」とは、もはや画一的で一様な秩序ではなく、むしろ多様であるとともに秩序だったものでもあるような、あるいは多様性と秩序の循環運動（これこそ規律が目指しているものである）のまさに支点となるようなものであった。そのような循環運動を可能にするものとしての「自然な秩序」を解明していこうとする「知への意志」こそが、科学的言説と規律権力を内在的に結びつけていると考えなければならないのではないか。科学的言説と規律権力には、内在的な関係があるように思われる――しかもそれは、科学的言説が異常なものを発見し、それを抑圧する片棒を担いでいるという意味ではない。もし片棒を担いでいるのだとすれば、むしろ多様化と増殖の片棒なのではないか。それは、たしかにある意味では「解放」のようにみえるかもしれない。ひとびとのありようを必然性のなかに閉じ込めるのではなく、むしろ変異と自由の可能性を開いていくことなのだから。しかし、いまや「解放」され、つぎつぎと変異していくことこそが、社会的に有用なのであって、そのようなあり方こそが求められ、「強要」されているとさえいえるだろう。つまりいまや、「解放」こそが、結局のところ究極の「隷属」なのかもしれないということを忘れてはなるまい。

［注］

（1）「言語論的転回 linguistic turn」については、Rorty ed.（1967）や新田・丸山・子安ほか（1993）の諸章、とくに野家（1993）を参照。

（2）「透明」という表現は、たぶん、ラッセル（とホワイトヘッド）に由来すると思われる（Whitehead and Russell 1962 : 407）。

（3）フーコーによれば、古典主義時代（一七世紀）に、能記と所記からなる、記号の二元的構造があらわれるが、それでも能記は、たんに所記を表象するだけでなく、そのことを自らに対して表象しなければならないという二重性を帯びていた（Foucault 1966 : 77–81＝1974 : 88–92）。

（4）詳しくは、本書第一章を参照。

（5）精確にいえば、これはフーコーのいう言表の機能の一つに過ぎない。ちなみにほかには、言表の主体、他の言表との関係、などにかかわる機能が挙げられている（Foucault 1969 : 116–38＝1981 : 133–60）。

（6）したがって後にフーコーが「生‐権力」の二つの極として区別している、規律と調整的管理の違いを、極端に強調してはならない。（たとえば、「規律社会」と「ポスト規律社会あるいは管理社会」というように）。規律が身体の「自然」に照準するのと同じように、調整的管理は、社会の「自然」に照準するものだからである。

（7）ルーマンの用語系でいえば、「構造化された複雑性」ということになるだろう（Luhmann, 1984 : 45–51＝1993 : 36–43）。

（8）「抑圧仮説」によれば、かつては性に対する率直さと寛容さがあったにもかかわらず、近代になると、それは用心深く閉じ込められ、生殖の機能へと制限され、沈黙が支配するようになった、とされる。そしてわれわれがそのような性の抑圧の時代からまだ十分に自由になっていないことを批判し、性の解放によって、抑圧的な社会からの解放が実現すると主張する。

第五章　〈社会的なもの〉の誕生——規律から統治性へ

1　ことばとしての〈社会 society〉

〈社会〉という日本語は、明治期のはじめころ、society（あるいはそれに相当する西欧語）の翻訳語として、新しくつくられたことばであるといわれている（斉藤 1977；柳父 1982）。このことは、society が意味するような現実が、当時の日本にはまだ存在していなかった（少なくともそのように思われていた）し、したがってまた当時の日本語の語彙に、それを端的に表現することばが見当たらなかったということを示している。

かといって、〈社会〉がまったくの造語かというと、そういうわけでもない。斉藤毅によれば、〈社会〉の語は、もともと中国で、「社」は土地の神を、さらに土地の神を中心とした地縁的で小規模な共同体を指し、その祭礼のことを「(社) 会」と呼んだらしい（斉藤 1977 : 191, 200–1）。そしてその後、〈社会〉は、しだいに「信仰や趣味・娯楽・運動または商売などの共通の目的で同志相寄って組織する団体をも称するようになった」（斉藤 1977 : 191）とされる。つまり、〈社会〉はもともと地縁的あるいは宗教的な共同体を指すとともに、しだいに結社的な集団をも指すようになっていったということになる。前者の意味では、一九世紀前半に、すでにオランダ語の「修道院」の翻訳語として〈社会〉が使われていたようで、また後者の意味を含めて、「徳川末年から明治にかけて、地域的な集落・同業者の団体・学術研究や趣味のうえでの同人組織などをさして、『社』『社団』『会社』などとよび、また『社会』とよんだ」（斉藤 1977 : 191）とされている。さらにそのような用法は、「共通の特徴や傾向や目的をもつ限定された階層や団体を意味するばあいに」（斉藤 1977 : 191）、限定詞（「上等」「下等」「学術」など）を付して使われるように拡大し、そこからさらに、限定詞なしの〈社会〉へと拡大されていくことによって、society に対応する日本語として、しだいに定着していったとされる（斉藤 1977 : 192）。

現在われわれが、〈社会〉という語によって指しているような、ほぼ国家の範囲と重なる広がりをもった、見知らぬ者どうしの人間関係と活動の総体といったような意味での〈社会〉という語がはじめて使われたのは、明治八年から一〇年ころであったという（斉藤 1977 : 191, 205, 224）。

もっとも、よく考えてみれば、そのような意味で〈社会〉ということばが使われるようになるためには、まさにそれが指し示している現実が、たとえぼんやりとしたかたちであれ、あらわれてこなければならないはずであり、したがってそのためには、近代国家の成立や、その内実をなす資本主義的経済活動の発展や、それにともなうひとびとの生活圏の拡大などが、それなりに展開していなければならないのは明らかである。その意味では、近代化の端緒についたばかりの明治期の日本で、society に当てはまる語彙がなかったことは、むしろ当然であったというべきであろう。

しかしながら、もしそうだとすれば、原語である society（あるいはそれに相当する西欧語）そのものにしても、それがすでに述べたような意味で使われるようになったのは、じつはそう古いわけではないはずだ、ということになるだろう。近代国家の成立や近代資本主義の誕生をメルクマールとするなら、せいぜいさかのぼることができたとしても、一七・一八世紀まであるはずだ。ところが、他方で、「市民社会」と訳される civil society や société civile は、ラテン語の societas civilis（ソシエタス・キウィリス）の俗語訳であり、それはさらにアリストテレスの πολιτική κοινωνία（ポリティケ・コイノニア）のラテン語訳である。それが文字通り「市民社会」であるとするなら、あたかも〈社会 society〉は、ヨーロッパではるかに長い歴史をもっているかのようにみえてしまう。

この用語の長く不思議な歴史的運命については、すでにマンフレート・リーデル Manfred Riedel や植村邦彦の詳細な研究がある（Riedel 1975=1990；植村 2010）。そこから明らかになるのは、アリストテレスにまでさかのぼることのできる、この用語の伝統的な意味が、少なくともわれわれが今日使用している「市民社会」（それ自体かなりの不明瞭さを含んでいるが）とはまったく異なったものであるということ、そして一八世紀あたりを境にして、伝統的な意味が完全に失われるとともに、翻ってまったく異なる、新しい意味が与えられたということである。

アリストテレスのπολιτική κοινωνία（ポリティケ・コイノニア）は、πόλις（ポリス＝国家）もまた共同体κοινωνία（コイノニア）の一種であり、「最高の共同体、他のすべてを包括する共同体」（植村 2010：25）であるという意味で使われており（それ以外の共同体は、家＝オイコスοἶκοςである）、つまり、それは端的に「国家」ないし「国家共同体」を指している。「定式化するなら、市民社会は政治的支配形式、すなわち『国家』と同義であり、市民社会と『国家』は同一の概念を表現している」（Riedel 1975：720＝1990：12）。

一三世紀以来、いくつかのラテン語訳が試みられた後、一五世紀には、societas civilis というラテン語訳が広まっていったようだ。「こうして一六世紀の半ばまでには、世俗国家を表現する言葉として、アリストテレスに由来するsocietas civilis というラテン語が広く使われるようになっていた。それがヨーロッパ各国の俗語（国民的言語）に翻訳されるのは、もう時間の問題である」（植村 2010：33）。

植村によれば、一七世紀になると、ホッブス Thomas Hobbes やロック John Locke は、しだいに国家の意味では、むしろ Commonwealth を使うようになるとともに、civil society の概念は、「自然状態」の対立項という位置づけを与えられ、その論理的な帰結として、歴史化された概念へと変貌していく（植村 2010：39–56）。つまり、アリストテレスが人間を「政治的・国家的動物ζῷον πολιτικόν」と規定し、国家＝市民社会を「自然」にもとづくものとしたのに対して、契約説は「自然状態」の克服によってはじめて、国家＝市民社会が形成されると主張して、いわば国家＝市民社会を「自然」から切断したのである。ホッブスは「事物と人間の自然は、市民社会への統合を可能にする原理ではないという基本命題を定式化し、古典的な政治学の類概念をそれに固有の無歴史性から救い出すという決定的な役割を果たした」（Riedel 1975 : 736-7=1990 : 36）。

civil society は、「自然状態」を克服することによってはじめて達成される状態へと反転させられることによって、そこに歴史的な変容のプロセスが読み込まれる。しだいに civil は、そのような状態への変容のプロセス、すなわち civilization（文明化）を含意するようになっていく。

こうして一七世紀には、〈civil society〉というアリストテレス的用語の指示対象の中に、「未開諸民族」とは対照的に異なる近代ヨーロッパ諸国民の「生活様式」が入り込むことになった。それはたんに「共通の権力による統治」の成立だけではなく、「人口が多く長命で、平和と社会的結合によって作り出され調達されるような生活の装飾や快適さをもつ」社会、あるいは「人口と貨幣とが豊富で、ひとびとが土地所有を拡張したり、より広い土地を求めて争ったりしている」社会の成立をも意味することになるのである。（植村 2010 : 55-6）

一八世紀になると、いよいよ civil society は civilized society へと書き換えられていく。「この書き換えは、一八世紀の道徳哲学的・経済学的な諸説が、もはや市民社会の市民状態を、その核心となる部分、つまり政治体制についての教説とともに対象としているのではなく、『社会』の『文明化』された状態を対象としていることを明確にしている」（Riedel 1975 : 750=1990 : 53）。このような見方を決定的なものにすると同時に、それによって「市民社会」の伝統的な使用法を完全に終焉させていくのは、いわゆる「スコットランド啓蒙主義」に属するアダム・ファーガスン Adam Ferguson であり、そしてアダム・スミス Adam Smith である。

ここにあらわれてくるのは、分業にもとづく商品交換社会としての「商業的社会」（Smith [1776] 1982 : 24=2010 (I) : 46）であり、その意味で、市場経済にもとづく私的な経済活動を基礎にすると同時に、教養や文化や生活様式においても「文明化された＝洗練された polished 社会」（Feuguson [1767] 2007 : 155-6）であり、それは、もはや伝統的な意味での市民社会＝国家の概念とはまったく異なるものであった。「……数百年のあいだ妥当性をもちつづけてきた『国家』と『市民社会』のあいだの同義性が、いまやいたるところで明白に解体した」（Riedel 1975 : 753=1990 : 57）のである。

ちなみに、一九世紀になると、このような新しい〈社会〉の概念は、ヘーゲル Georg Wilhelm Friedrich Hegel によって、ふたたび「市民社会 Bürgerlich Gesellschaft」として、つまり「欲求 Bedürfnis の体系」としての「市民社会」へととらえ直され、伝統的な用語法とはまったく異なる意味で使用されることになっていく。もちろんそれはまたそれで、マルクス Karl Marx によって「ブルジョワ社会」や「資本主義社会」へとさらに書き換えられていくのではあるが。

いずれにしても、〈社会〉ということばは、一八世紀に、それまでの政治や国家と結びついた意味とは異なる意味で、つまり経済的なものを核としながらも、ひとびとの生活様式の全体を含みこむような概念として登場してきたことが明らかになった。しかしそうはいっても、まだわれわれは、〈社会〉と呼ばれることになるものが、歴史的にいったいどのようにして、そしてどのようなものとして姿をあらわしてきたのかという、本章で取り組む課題のやっと入口に到達したに過ぎない。

2　統治と統治性――司牧権力から国家理性論へ

よく知られているように、ミシェル・フーコー Michel Foucault は『性の歴史Ⅰ　知への意志』(Foucault 1976=1986)以降、それまで中心的に論じてきた規律とは異なる、別種の権力テクノロジーに注目するとともに、この両者を包括するものとして、「生‐権力 bio-pouvoir」というとらえ方へと移行していく。

かつて主権者＝君主の権力は、最終的には、かれが臣下に要求しうる死においてこそ示されるものであった。すなわち、そこにあるのは、さまざまな力を阻止し、抑圧し、禁止し、最終的には破壊する(殺す)ことによって、支配を確立し服従を調達しようとする、いわば「殺す」権力であり、したがってそのような権力の主要な道具は、なすべき行為の側ではなく、むしろ禁止する行為の側を規定する、(もともとの意味での)法的な操作であった。それに対して、一七・一八世紀を経て、さまざまな力を阻止し、抑圧し、禁止することによってではなく、まったく正反対に、さまざまな力を引き出し、産出し、増大させる権力があらわれてくる。第四章で述べたように、それは、力の増大と服従の増大をともに可能にする、ある意味で奇妙な権力テクノロジー、つまり規律の急激な増殖である。

それは、人間の身体を引き受け、練習や訓練、そしてそのまわりに配置される監視や処罰を通して、身体の力を引き出し、増大させ、そしてその有用性を最大化しようとするテクノロジーであった。それに対して、やや遅れて一八世紀の後半にあらわれてくる新しい権力テクノロジーは、個々の身体に照準するのではなく、かたまり masse としての、多数の人間の集合態、すなわち「人口 population」に照準する。そこで問題となるのは、そうした集合態の水準でみられる、生命固有のプロセスと諸要素、つまり誕生・死・病気などであり、後には事故や犯罪なども追加されていくことになるだろう。そして、規律と同様に、さまざまな力を最大化することを目的としているけれども、その道筋はまったく異なっている。つまりそこで目指されるのは、セキュリティのメカニズムを配置し、生命の状態を最適化することなのである。フーコーはそれを「調整 régularisation の権力」（Foucault 1997 : 220=2007 : 246）と呼ぶことになる。

フーコーによれば、調整の権力は、規律の権力を排除するわけではないし、それと交代してあらわれてくるわけでもない。それらは「べつの次元、べつの階梯にあり、べつの対象をもち、べつの道具をもっている」（Foucault 1997 : 216=2007 : 242）。しかしこの二つは、いずれも、それ以前の「殺す」権力とは対照的であって、その意味で「生－権力」と呼ばれる。

具体的には、一七世紀以来、生に対するこの権力は、二つの主要な形態において発展してきた。こ

> の二つの形態は、相容れないものではなく、むしろ中間項をなす関係の束によって結ばれた、発展の二つの極を構成している。その極の第一は、最初に形成されたもので、機械としての身体に中心を定めていた。身体の調教、身体の適性の増大、身体の力の強奪、身体の有用性と従順さとの並行的増強、効果的で経済的な管理システムへの身体の組み込み、こういったすべてを保証したのは、規律を特徴づけている権力の手続き、すなわち人間の身体の解剖‐政治学であった。第二の極は、やや遅れて、一八世紀中葉に形成されたが、種である身体、生物の力学に貫かれ、生物学的プロセスの支えとなる身体というものを中心に据えている。繁殖や誕生、死亡率、健康の水準、寿命、そしてそれらを変化させるすべての条件がそれだ。それらを引き受けたのは、一連の介入と、調整的な管理 *contrôles régulateurs* であり、すなわち人口の生‐政治学である。身体にかかわる規律と、人口の調整とは、生に対する権力の組織化が展開する二つの極である。(Foucault 1976 : 182-3=1986 : 176)

その後、フーコーは、このような生権力の問題を「統治 gouvernement」の問題として、そしてとくに人口に照準した「調整の権力」を「統治性 gouvernementalité」という独特の用語で表現するようになっていく。[1] フーコーの「統治」という概念は、いうまでもなく、統治機構としての政府という意味ではない。そうではなくて、ほぼ権力の概念と重なりあうほど一般的な意味で「行動を導くこと conduct of conduct」を意味している(Foucault [1982] 1983 : 220-1=1996 : 301)。[2]「権力の行使は、『行動を導くこと conduite des conduites』および蓋然性を整えることにある。じつのところ権力とは、二つの敵対者の対立の次元、または両者の一方から他方への服従の次元というよりも、むしろ『統治』の次元にある」(Foucault 1994 : 237)。つまり統治とは、あくまで対象となる行動 conduit の自由を前提条件としたうえで、その行動をいかに導く conduit かという問題なのである。したがって統治は、自己を統治する、魂を統治する、子どもを統治する、集団を統治するというように、個人であれ集団であれ、人間たちの行動を「導く」こと一般を含んでいる。

それに対して「統治性」の概念はややとらえにくく、またフーコーの使い方にも不安定な部分もあるが、[3]コリン・ゴードン Colin Gordon は一貫して「統治の合理性（あるいは合理的統治）」および「統治術 art of government」という観点からこの概念を論じているし (Cordon 1987, 1991)、またミチェル・ディーン Mitchell Dean は「統治の（あくまで実践的な意味での）思考様式 mentality」と関係づけて議論している (Dean 1999 : 16-8)。いずれにしても、統治がひとびとを導く営みであり、権力の行使そのものである以上、そのような統治を取り囲み、そして支え、あるいはそもそも可能にしている、さまざまな制度・装置・戦術・知などとからみあっているはずであり、またそこにはさまざまな種類の合理性がはたらいているはずであり、それらはひとつの全体として理解することができるはずである。フーコーは「統治性」について、つぎのように説明している。

第一に「統治性」とは、人口を主要な標的とし、政治経済学を知の主要な形式とし、セキュリティの装置を本質的な技術的道具とする……権力の形式を行使することを可能にする諸制度、手続き、分析、考察、計算、戦術、これらからなる全体のことである。第二に「統治性」とは、西洋においてだいぶ以前から、「統治」と呼べるタイプの権力を、主権＝君主や、規律といった他のあらゆるタイプの権力よりも、たえず優位に導いてきた傾向、力線のことである。……そして最後に第三に、「統治性」とは、中世における司法国家（一五－一六世紀に行政国家となったもの）が徐々に「統治性化」されたプロセス……を指すものでなければならないと思う。（Foucault 2004 : 111-2=2007 : 132-3）

では、いったいなぜ「統治性」なのだろうか。なぜ、このような独特の概念を導入する必要があるのだろうか。フーコーによれば、それは、かれがそれまで一貫して実践してきた方法、つまりある種の態度変更、制度や機能や対象の外に出ること、これを国家に対しても行う必要があるからである（Foucault 2004 : 124=2007 : 148）。かれが一貫して実践してきた態度変更とは、以下のようなものであった。まず第一に、制度の外に出ること、たとえば精神医学制度から出発するのではなくて、そうした制度の背後にあり、それを成り立たせている権力テクノロジーを発見すること。「第一の方法論的な原理は、制度の外に出て、その代わりに権力テクノロジーという包括的な視点を用いることにある」（Foucault 2004a : 121=2007 : 145）。第二に、機能的な視点から外に出て、たとえば監獄の機能から出発するのではなく、それを権力の一般的なエコノミーのなかに位置づけること。つまり「機能という内的な視点の代わりに、戦略・戦術という外的な視点をとること」（Foucault 2004a : 121=2007 : 146）。そして第三に、たとえば精神疾患や、非行や、性的倒錯などといった既成の対象を出発点にするのではなくて、その代わりに、知の諸対象を含んだ真理の領域が構成される運動をとらえようとすること。

しかしながらフーコーは、このような態度変更、つまり制度や機能や対象から外に出ることによって、たとえば病院や監獄や工場や家族などが、その背後にあり、より包括的な権力の運動によって、どのようにしてつくりあげられてきたのかを明らかにすることはできたとしても、じつはふたたびそれらを包括する、もう一つの制度であり、機能であり、対象であるもの、すなわち「国家」に内属してしまうことになるのではないか、と反問する。結局のところ、そのような試みは、最終的には国家という、より包括的な制度とその操作の内部に回収されてしまう恐れがあるのではないか、と。

それに対してフーコーは、国家もまた、何か確固たる現実性と歴史的一貫性を備えた、特権的な実体ではないのではないか、つまりそれはむしろ「混成的な現実であり、神話化された抽象に過ぎない」（Foucault 2004a : 112=2007 : 133）のではないか、ということを明らかにしようとする。つまり、フーコーがこれまで一貫して実践してきた態度変更、すなわち制度や機能や対象の外に出ること、このような操作を「国家」そのものに対しても適用することができるのではないか、というわけである。現代を生きるわれわれの視点からみれば、国家が統治を行うこと、このことはほぼ自明なことがらであり、国家と統治はあたかも必然的な関係によってとり結ばれているようにみえる。フーコーが、統治、そして統治性という概念を用いることによって目指しているのは、このような事態が「国家の統治性化」

(Foucault 2004a : 112=2007 : 133) と呼ばれうる歴史的なプロセスの結果でしかない、ということだ。国家と統治は必然的に結びついていたわけではない。どのようにして国家と統治が結びついてきたのか、そしてその結果どのようなことが起こっているのか、これこそが、フーコーが統治性という概念を使って、解明しようとしたことなのである。

フーコーは、ひとびとを導くものとしての統治が、そもそもは国家に内在的なものではなかったということを示すために、統治の源流を「司牧的 pastral 権力」にまでさかのぼっていく。なぜなら、「人間たち（個人であれ集団であれ）」を統治するという考えは、ギリシャ的・ローマ的なものではなく（王が導くのはポリスであって、ポリスの人間たちではない）、その起源はキリスト教的なテーマ（牧者が群れを導く）にあるからだとされる。だとすれば、統治は、群れを導く牧者をモデルにして、キリスト教会によって組織化された「司牧的権力」の流れをくむものだということになる。フーコーは司牧的権力の三つの特徴を挙げている。第一は、動いている群れに対して行使されること。第二に、恩恵をもたらす bienfaisant 権力であること——つまり群れの救済。第三に、個人化を行う権力であること。

このような司牧的権力は、キリスト教会を通して、人間たちを導き、指導し、操作する大いなる術 art を組織化し、一六世紀以降の統治性の端緒となることによって、「魂の司牧制から人間たちの政治的統治へ」(Foucault 2004a; 233=2007 : 283) と変貌を遂げていく。ただしフーコーによれば、単純に、司牧的な機能が教会から国家へと転移したわけではないし、また宗教的な司牧から他の形式の導きへという移行があったわけでもない。むしろそこで起こったのは、全体としての「導き conduite の増殖」

（司牧も宗教改革・反宗教改革を通して強化されていく）であって、そうしたなかで、これまで統治（とされてきたもの）を正当化してきた、神・自然・家という連続性に裂け目が生じ、君主の統治は、そうした連続性の一部としてではなく、何か固有の根拠が必要であると考えられるようになっていく、とされる。そこからあらわれてくるのが「国家理性」論であり、神の秩序としての自然の諸法則とは区別された、人間の秩序＝国家の統治を正当化する、独自の根拠と合理性が求められていくことになる。

フーコーによれば、したがって国家理性論とは、国家が神や自然など、国家以外のものにもとづくのではなく、それ自体のうちに自らの根拠をもつということなのであるから、国家の目的は、国家それ自体であり、国家それ自体の存続と維持であって、国家それ自体の連続的な創造の営みであるという、奇妙な循環性・無限性のなかにある。このような循環を支えていくのは、一六世紀末以降に開かれたいった、ヨーロッパの諸国家間の競合と均衡の空間であり、そのなかで、国家の存続と維持に加えて、さらに「国家の増強」という目的がつけ加えられていくことになる。

ところで、国家の（統治という観点からみた）存続・維持・増強のために、統治者に求められたのは、国家を構成している諸要素、国家の現実を構成している「ものごと」についての認識であり、国家の認識としての「統計学 statistics」であった、とされる。

たとえば、人口にかんする認識、つまり人口の量や死亡率や出生率の計量、国内のさまざまなカテゴリーの諸個人とかれらの富の算定、鉱山や森林などの、国家に利用可能な潜在的な富の算定、生産されている富の算定、流通している富の算定、通商の収支の算定、租税や関税の効果の測定、その他すべての所与が、いまや主権者の知の本質的内容を構成することになる。（Foucault 2004a : 280=2007 : 338）

フーコーによれば、たしかにまだこの段階では、一八世紀に統治の対象としてあらわれてくるような、本当の意味での「人口」はとらえられていない。なぜなら、ここで問題になっているのは、あくまで国家の繁栄や富であり、人口そのものの繁栄や富ではないからである。だがしかし、「人口」は確実にその姿をあらわしはじめている。

3　〈社会的なもの〉の「発見」——ポリス（内政）から自由主義へ

一七世紀以降、国家による統治は、明確な対象と技術・知をともなったものへと展開していく。「一七世紀以降、よい国家秩序を維持しながら、国力を増強させうる諸手段の総体が『ポリス』と呼ばれはじめる。いいかえれば、ポリスは、国家の内的な秩序と国力の増強とのあいだに、動的な（とはいえ安定的で制御可能な）関係を確立することを可能にする計算と技術を指すようになる」（Foucault 2004a : 321=2007 : 389）。

では、ポリス＝内政が現実にかかわるものは何か。ここで、フーコーは、テュルケ・ド・マイエルヌ Turquet de Mayerne による、いわば「内政国家のユートピア」について紹介している。そこでは、内政の領域は、（1）子どもや若者の教育、そして各人の職業にかかわること、（2）慈善にかかわること、つまり健常な貧民には労働を、病人や障害者には手当を与えること、さらに公衆衛生や事故（火事・反乱・洪水）や金銭の貸与にかかわること、（3）商業や通商にかかわること、最後に（4）不動産にかかわる売買の監視や、王の領地などの見張り等、である。

フーコーによれば、ここにみられるのは、道徳・労働・教育・職業など、「人間たち自身にかんする制御・決定・拘束からなる総体であり、その人間とは、……何かをするかぎりでの人間、何かをできるかぎりで人間、何かを生涯を通してやろうとする人間なのである」（Foucault 2004a : 329=2007 : 398）。内政が狙いを定めているもの、つまり内政の対象は、人間たちであるだけでなく、まさに人間たちの活動なのだ、ということになる。いまや人間たちの活動が、国力の重要な構成要素として位置づけられ、人間たちの活動をいかにして国家にとって有用なものとするか、これこそがポリス＝内政の問題設定であったということができる。

フーコーは、ポリス＝内政が従事すると主張するものを、以下のように整理している。（1）人間たちの数。後に重農主義者によって批判されるまで、国力が人口の数によって決まるという主張は、一七世紀を通じてくり返されている。（2）生活必需品。人間たちがいるだけでは十分でなく、その人間たちが生きられなければならないので、内政はこの直接的な必要物にたずさわる。その第一は食糧であり、したがって農業政策や穀物内政（食糧の価格や品質の監視や統制など）が問題となる。（3）健康という問題。健康は、生活必需品とともに、人間が労働し活動し仕事をすることができるための必要条件の一つであるかぎりにおいて、内政の目標となる。万人の日常的健康が、これ以降、内政にとっての恒常的な配慮と介入の対象となっていく。（4）かれらの活動を見張ること。労働できる者を労働させること。さらに重要なのは、国家にとって必要なさまざまな職業が実践され、必要な生産物が生産されているかどうかを見張ること。（5）商品、すなわち人間たちの活動の生産物の流通。たんに物質的なネットワーク（街道、河川、運河など）の整備だけではなく、流通そのものの統制や促進を含んでいる。

ここから明らかになることは、いまや「人間たちの相互的な共存のあらゆる形式［傍点引用者］」（Foucault 2004a : 333=2007 : 403）が、内政にとっての根本的な対象となったということにほかならない。いいかえれば、いまや内政は、〈社会的なもの socialité〉（一八世紀には明確に〈社会 société〉と呼ばれるもの）（Foucault 2004a : 333=2007 : 403）を統治の対象として「発見」したのであり、さらにいえば、〈社会的なもの〉あるいは〈社会〉と呼びうるものが、ここではじめて誕生したとさえいえるのではないだろうか——精確にいえば、それは、一八世紀に「発見」される「社会の自然性」と、「自由主義」という新たな統治理性の出現を待たなければならないという留保が必要ではあるのだが。

もちろん、このようにいえば、即座につぎのような反論が提起されるだろう。ここにあらわれているのは、あくまで統治という国家的な——あるいは「政治的」といってもよいかもしれない——まなざしによってとらえられたかぎりでの〈社会〉に過ぎないのではないか、そもそもそれは〈社会的なもの〉そのものとは異なる水準の問題なのではないか、と。しかしながら、国家の〈政治的な〉まなざしであるとか、統治の対象としてなどという場合、それはたんに〈社会〉をその外側から認知的に観察しているという意味ではもちろんありえない。国家はただ観察しているだけではないし、統治とは（とくにこの時代には）端的に介入なのである。つまり統治の対象として〈社会〉が「発見」されるということは、統治という作用によって〈社会〉が構成されるということと、まったく同義なのである。つまり統治は、〈社会〉にとって、あくまでその構成的な部分なのであって、けっしてその外側にある要素ではない。もちろん、現実はそうであったとしても、分析的には、〈社会〉それ自体と、それに介入する国家の権力や作用を分離することはできるのではないか、というさらなる反論もあるだろう。はたしてこのような分析的な分離に、どのような意義があるのかという疑問はべつにするとしても、少なくともフーコーが、統治の概念に依拠し、国家という実体を想定するのではなく、むしろ「国家の統治性化」という視角から国家をとらえようとしたことを想起するなら、ここで大事なことは、〈社会〉がまさに統治を含んだものとして、あるいは統治によって整序されたものとして構成された（つまり統治は〈社会〉に内属する）という事実なのであって、それを国家という実体を想定することによって、いわば外部化してしまうことではあるまい。

ところで、ポリス＝内政は、ひとびとの活動に、ひとびとの生に、そしてそうした全体としての〈社会〉に関心をもち、それを統治しようとするものであった。したがって、ポリス＝内政は、たしかにひとびとが生きること、そしてただたんに生きるというよりも、よりよく生きること、すなわちひとびびとの「幸福」を目指すものであったということは事実である。だがしかし同時に、それはあくまで国家の力の構成および増強にとって、有用となるかぎりにおいてでもある。フーコーはそれを内政の循環――「国家から出発し、……増強される（あるいはされるべき）力の総体としての国家に戻ってくる」（Foucault 2004a : 334=2007 : 404）循環と表現している。ひとびとの幸福、すなわちひとびとの生の問題とは、この循環が経由する何ものかである。内政は、国力とひとびとの生とのあいだをつなぐ――ひとびとの幸福を国力自体にする――役割をもっていたということである。

さらに、ポリス＝内政の成立は、一七世紀に開かれた国家間の競合と均衡の空間と、そこで力をもった重商主義の思想と政策に強く結びついていた。フーコーによれば、重商主義は、（1）各国ができるだけ多い人口を持とうとすることを要求し、（2）その人口が労働に従事していることを要求し、（3）その人口に与えられる賃金ができるだけ低いということを要求し、その結果（4）商品の原価が可能なかぎり低く抑えられ、商品をできるだけ多く国外に売ることができ、金の輸入を確保することができる。それによって、国家増強にとって不可欠な徴兵や軍事力を確保し、生産を刺激することも可能になるというわけだ。

ところが、一八世紀になると、このようなポリス＝内政の体制は大きな批判を浴び、そして解体していく。フーコーによれば、それは、ポリス＝内政が目指そうとしたこと、つまりひとびとの活動の総体としての〈社会〉を統治の対象とし、ひとびとの幸福の増大を国力の増大に結びつけるという目的自体に問題があったからではない。そうではなくて、問題とされたのは、その目的を達成するために用いられた方法の側であった。たとえば、食糧難を防止するために、穀物の価格を統制するといったように、ここで使用された方法は直接的な統制・規制であった。「内政は規制的な réglementaire 様式で介入する」(Foucault 2004a : 348=2007 : 422)。(4)

それは、規制の世界、規律の世界である。理解しなければならないのは、工房・学校・軍で、一六世紀末から一八世紀にいたるまでみられた、地方的で地域的な規律の大増殖は、基本的に、諸個人や王国の領土に対する全般的規律化・全般的規制化の試みを背景にしており、それは都市的なモデルをもつ内政というかたちをとっていたということである。都市を一種の修道院にし、王国を一種の準都市にすること、これが内政の背景にある大いなる規律的な夢なのだ。(Foucault 2004a : 348=2007 : 422-3)

このような介入の様式しかもちえないこと、このことこそが、ポリス＝内政の限界と問題点としてあらわれてくる。一八世紀になると、重農主義者たち、あるいは一般に政治経済学者たちが、これを批判し、そして解体していくことになる。

まずは、とくに食糧（穀物）価格の統制という問題についてみてみよう。フーコーによれば、「規制」は、たとえば以下のように批判される。穀物が不足している時は、穀物は高価になる。規制で価格上昇を妨害しようとしても、ひとびとは穀物を売りたがらないので、穀物はさらに不足し、結局、価格は上昇してしまう。したがって内政による規制は無益である。内政による規制の代わりに必要であるとされるのは、「ものごとそれ自身の流れにもとづき、その流れに応じてなされる調整 régulation」(Foucault 2004a; 352=2007 : 426) にほかならない、と。

全体の幸福、万人の幸福は、何によって決まることになるのだろうか? それはもはや、内政というかたちで、空間を、領土を、そして人口を統制する、国家の権威主義的な介入によってではない。……国家は、いわば [各人の] 利害の調整器のようなものであって、もはや各人の幸福を万人の幸福へと変換する、超越的で総合的な原則のようなものではない。この決定的な変化は、一八・一九世紀、また二〇世紀の歴史にとって、本質的な要素となるものである。(Foucault 2004a : 354=2007 : 429)

経済的理性は、国家理性にとって代わるわけではないが、国家理性に新しい内容を与え、そして国家の合理性に新しい形式を与えるのである。(Foucault 2004a : 356=2007 : 431)

規制 réglementation あるいは規律 discipline から、調整 régulation あるいは管理 gestion (Foucault 2004a : 360=2007 : 436) へ。一七世紀の内政がその対象として発見した〈社会〉あるいは「人口」には、自然で、自律的な合理性が宿っており、そのことを無視して、無理やりに望ましい結果を導こうとしてもうまくいかない。ここにあらわれてくるのは、「社会の自然性［傍点引用者］」（Foucault 2004a：357=2007：432）という見方である。つまり、すでに述べたように、国家理性とそれにもとづく内政がもたらしたのは、それまでの神の秩序という意味での自然にもとづいた統治の切断であり、純粋に人間的な秩序としての国家の基礎づけであった。その意味で、そこにあるのは、徹底的な非自然性であり、絶対的な人工性であった。それに対して、ここでふたたび「自然性」が浮上してくる。もちろんこの「自然性」は、かつてのそれへの回帰ではない。

> この新しい自然性は、世界の本性というような意味での自然それ自身の過程ではなく、人間どうしの関係に特有な自然性、人間たちが共在したり交換したり労働したり生産したりするときに、自生的に起こることに特有な自然性である……。すなわちこの自然性は、それまでは根本的に存在しなかった自然性であり、そのように名指されないにしても、社会の自然性［傍点引用者］として考えられ、分析されはじめるものなのである。（Foucault 2004：357=2007：432）

すでに述べたように、ポリス＝内政の統治の対象として発見されていた〈社会〉は、ここではもはや、さまざまな規制や統制によって自由に操作可能な何ものかではない。つまり、統治のまなざしによって、その細部を見通すことができるような「透明」なものではもはやない。むしろそれは、固有の「厚み」をもつ、「不透明」な何ものかへと変貌している。もちろんだからといって、それはいっさいの統治に対立し、そのまなざしを拒否するものであることが明らかになったというわけではけっしてない。統治のテクノロジーもまた、それにしたがって変容していくに過ぎない。

ここで求められている統治としての調整あるいは管理とは、このような「社会の自然性」に即して、いわばそれを利用しながら、そこから必要なもの、役に立つもの、価値のある要素を引き出し、あるいは不都合なものを相対的に切りつめていこうとする――もっとも、「自然」に反してそれをなくすことはできないし、なくそうとするわけではけっしてないということにも注目しておかなければならない。あるいはべつのいい方をすれば、ここで問題になっているのは、〈社会〉の「自然性」にもとづきながら、〈社会〉のもつ力を最大限に引き出すこと、その有用性を最大限に利用することだといってもよい。

ここで想起しなければならないのは、前章でみたように、規律が目指しているのも、身体のもつ「自然」な力を引き出し、増幅させ、そして秩序にとって有用な何ものかへと変換することであった、ということである。たしかに規律の概念は、フーコーが統治性の議論を拡張していくなかで、かなり後退・縮小されていく傾向があって、あらためて規制的な側面が強調されてしまってはいる。しかしながら、それをたんに規制の側面に押し込めてしまえば、そもそも規律と法の違いのなかに、フーコーが読み込んでいった決定的な違いをあいまいなものにしてしまう恐れがある。要するに、規律も、そしてまた統治性（以前の表現では、規律とともに「調整」と呼ばれていた権力テクノロジー）も、それらが個々の身体に照準するのか、それとも人口という集合的な身体に照準するのかの違いはあっても、どちらも最終的には、それらの「自然性」にねらいを定めているということを強調しておかなければならない。

このような「社会の自然性」にもとづいた統治を、フーコーは「自由主義」という新たな統治理性、新たな統治術などと呼んでいる。なぜなら、このような統治実践が機能するためには、まさにさまざまな自由（市場の自由・所有権の自由な行使・議論の自由・表現の自由など）が実際に存在していなければならないからであって、したがって自由主義的統治術は、自由を生みだし、製造し、組織化し、運営し、そしてそれを消費することによって成り立っている、とされる。しかしながら、そのような自由を生産し、そして増加させていくためには、いっけん相反する統制や、規制や、介入もまた同時に増加していかざるをえない（たとえば、市場の自由を確保するためのさまざまな介入）。

フーコーは、「自由を製造することのコストを計算する原理」を「セキュリティ」と呼んでいる（Foucault 2004b : 66=2008 : 80）。個人的利害と集合的利害の相違や対立に対して、それぞれの利害をある程度保護することから、事故や病気や加齢などが、個人や社会にとっての危険とならないように保護すること、など。

> セキュリティの戦略は、ある意味で、自由主義の裏面であり、まさにその条件である。……自由と安全、自由と安全の作用こそが、……新しい統治理性のまさに核心にある。（Foucault 2004b : 67=2008 : 80）

4　「社会問題」への対応（1）規律化の戦略

すでにみたように、一七世紀以降の国家による統治の登場によって、しだいに統治の対象として〈社会〉と呼ばれうるものがとらえられていく、というよりもむしろ〈社会〉が構成され、編成され、組織化されていくというべきだろう。たしかにそれは当初、国家が直接的に介入し、統制し、操作しようとする領域として姿をあらわしてくる。国家による直接的な「規制 règlementation」という形式に注目して、フーコーは、それを規律的テクノロジーと呼んでいる。他方で、一八世紀以降になると、そのような直接的な介入の様式、つまり規制が批判され、そしてしだいに解体していく。そこでは、〈社会〉の「自然性」が「発見」され、国家が直接的に介入するのではなく、むしろその「自然性」を保護し、育成し、調整し、管理することによって、かえって有用な結果がえられるという知（とりわけ政治経済学）にもとづいた統治が主流となっていく。すなわち自由主義的統治術である。

だがしかし、それはあくまで自由主義の統治なのであって、統治がより「少なく」なるとか、無用なものになるというわけではけっしてない。〈社会〉はその「自然性」のままに、いわば「放置」されるわけではない。というよりももう少し精確にいえば、放置された状態はけっして「自然性」ではない。「自然性」は、統治による保護、育成なしには存在しないが、だからといって統治が直接的につくりだすものではなく、それ自体の内在性にもとづいている。統治は、〈社会〉の内在性に、いわば寄り添うのであって、それによってはじめて〈社会〉の「自然性」は、あくまで統治の作用を通して、「自然なもの」として構成されると考えなければならない。国家と〈社会〉は、いっけん異なる焦点をもった領域として分化していくようにもみえるが、むしろ事態はまったく逆だといえるかもしれない。統治の力、つまり一方では規律的な力が、そして他方では調整や管理と呼ばれる力（フーコーはそれを「統治性」という独特のことばで表現する）が、むしろ〈社会〉に充満し、浸透し、拡散し、埋め込まれていく。より精確にいえば、そのような力によって〈社会〉という独自の空間あるいは領域が「自然なもの」として組織され、編成されていくといった方がよいであろう。

さて一九世紀になると、〈社会〉あるいは〈社会的なもの〉は、ますます時代の前景にせり出してくる。しかしそれは、〈社会〉の「自然」で自律的な秩序というポジティブな意味でというよりも、むしろネガティブな意味においてである。つまり〈社会〉や〈社会的なもの〉は、貧困や、事故・災害や、失業や、犯罪や、衛生など、さまざまな「問題」がそこにおいて生じ、したがってまたそこにおいて解決を迫られるような独自の審級として浮かび上がってくる。以下では、一九世紀フランスの状況をみていくことにしよう(5)。

田中拓道（2006）は、一九世紀フランスの思想状況を、政治経済学、社会経済学、社会的共和主義、連帯主義の四つの潮流が織りなす、複雑な言説空間として描き出している。よく知られているように、一九世紀のフランスを特徴づけているのは、急激な都市化（パリへの人口集中）と、確実に進んでいく資本主義化（工業の大規模化）であり、それにともなって、パリを中心とした貧困問題、衛生や疫病の問題、失業問題、犯罪などの治安問題など、いわゆる「社会（的）問題 question sociale」が解決を要する喫緊の課題として浮上してきたことにある。まずは、一八三〇年代にあらわれてくる「貧困問題」に注目しなければならない。ここで何よりも重要なことは、「七月王制［一八三〇年］以降、産業化とともに現れた貧困は、従来の貧困現象と区別されて『大衆的貧困 paupérisme』と称されるようにな」（田中 2006 : 74）ったということである。つまりそれは、能力によるにせよ、生活態度によるにせよ、もはや個人の問題に帰すことのできるような種類の貧困ではなく、工業化・資本主義化という、すべてのひとびとを巻き込んでいく全体の運動にともなって、集合的かつ全体的に、すなわちすべてのひとびとに襲いかかっている運命であるということにほかならない。

ヴィルヌーヴ＝バルジュモン［一九世紀の思想家・政治家］が述べているのは、この貧窮が「大衆的貧困という、新しくそして悲しいほど強烈な名前のもとに、人口の全階級に襲いかかっている」ということであり、この問題は「まさに工業生産を原因として、ますます深刻なものになろうとしている。それはもはや偶然ではなく、社会の大部分の成員に対して強いられた条件なのだ」ということである。（Castel 1995 : 351=2012 : 234）

いいかえれば、ここで起こっているのは、工業化・資本主義化によって、ひとびとが伝統的な中間集団（地縁的共同体や都市における職能的共同体など）にもとづく「近接性にもとづく保護」（Castel 1995：53=2012：14）から切り離されて孤立化し、脆弱な諸個人へと分解していったという、集合的・全体的な変容である。とりわけフランスでは、フランス革命によって中間集団を徹底的に解体し（有名な一七九一年のル・シャプリエ法）、国家と個人への二極化が急速に進んだということが背景にある。(6)したがって、このような「大衆的貧困」は、もはや個人に起因する問題ではなく、〈社会〉のあり方に起因する問題、すなわち「社会（的）問題」であるととらえられたのであり、したがってその解決もまた、〈社会〉のあり方の水準においてはじめて可能なものと考えられたのである。

では、〈社会〉のあり方の水準で問題を解決するというのは、いったいどのような意味なのだろうか。ここでは、二つの方法あるいは戦略をみてとることができる。まず第一の方法あるいは戦略は、いわば「規律化の戦略」とでも呼べるものであり、貧困の原因をひとびとの「道徳 moral」の問題としてとらえ、「道徳」の改善を目指す方法あるいは戦略であって、一九世紀の前半を中心にして、思想的には社会経済学を主要な言説としながら、展開されたものである。そして第二の方法あるいは戦略は、一九世紀の後半を中心にして、思想的には連帯主義を主要な言説として、そしてまた当時「熱狂的に」迎えられはじめた統計学的な知を支えとして展開されたもので、資本主義的工業生産の拡大とともに問題化した労働災害を一つのモデルとしながら、さまざまなリスクを社会化する技術としての保険を使い、いわば「保険社会」を形成していこうとする方法あるいは戦略である。

規律化の戦略、すなわち貧困の解決のためには、「道徳」の改善が必要であるという主張は、たしかにいっけん古くさくみえる主張であるし、実際に前時代的なものであるとみなすこともできる。というのも、アンシャン・レジーム期においても、貧困の原因として、怠惰・不摂生・悪徳などといった「道徳的」問題が、まずもって取り上げられていたからである。しかしながら、すでに述べたように、貧困はもはや個人の問題としてではなく、〈社会〉全体の問題としてとらえられているのだから、ここで主張される「道徳」の改善もまた、あくまで〈社会〉全体にとっての「道徳」の改善であるといわなければならないだろう。もちろん最終的には、それは個々人の行動と態度にあらわれるしかないものであり、全体とはそうした個々人の行動と態度の集まりでしかないとしても、である。

それ以上に重要なことは、ここで「道徳」ということばが、いったい何を指しているのかという問題である。少なくともそれは、われわれが想起する、狭い意味での「道徳」ではない。それは、「日常の生活規範を意味する『道徳』よりも広い対象を指している。それは、人びとの振る舞いや生活態度を規定する集合的な精神のあり方を意味している」（田中 2006 : 80）。つまりそれは、「民衆の生活習慣、労働規律、衛生習慣、家族形態、飲酒・貯蓄習慣など」（田中 2006 : 81）、要するにひとびとの「生活習慣」や「生活様式」の全体を指しているということだ。「こうして大衆的貧困が表現しているのは、労働者とその家族の生活様式の完全な堕落からなる、自然と化した非道徳の一種である」（Castel 1995 : =2012 : 237）ということになる。

ロベール・カステル Robert Castel によれば、ここにみられる「道徳化」の戦略は三つの水準で作用した。

まずは、貧民に対する扶助。そこで用いられている技術は専門家によるソーシャル・ワークを予告するものである。つぎに貯蓄金庫および自発的な共済組合の発展。これは保険社会の始まりを告げるものとなる。最後に経営者によるパトロナージュの制度化。これは労働の合理的編成と社会の平和の両立を保証するものとなる。〈Castel 1995 : 396=2012 : 268〉

カステルによれば、貧民に対する扶助は、綿密な調査にもとづいて合理的に行われなければならないが、援助の目的はあくまで道徳的な更正にあった。貯蓄金庫や共済組合にしても、「計画性という感情を育てること」が目的とされた。そして経営者によるパトロナージュもまた、「遊牧民のように各地を放浪し、不規則な勤務をくり返す」（Castel 1995 : 412-3=2012 : 280）労働者をつなぎとめ、規律を与えるという、道徳的な意味をもっていたのである。

阪上孝（1999）は、当時のフレジエ H.-A. Frégier やヴィレルメ Louis-René Villermé の主張を参照しながら、このような道徳的な力の作用が、労働者に対して規律的な力としてはたらいている様子を描いている。「貧困の主な原因は労働者の無思慮、放縱、怠惰などの道徳的原因にある」とされ、なかでも「多数の労働者が十分な監視を受けずに働く工場は労働者の道徳的堕落が生じ、伝染する場だというのが、ヴィレルメやフレジエの見解であった」（阪上 1999 : 272）。そもそも工場では、そこで求められる行動の規律と規則性に、労働者がなじむこと自体が困難であったからである。したがって「工場内では技術の習得と同時に、就業時間中の飲酒や勝手な休憩、無断欠勤、聖月曜日の習慣など、工場規律と機械制生産が要求するリズムにかかわる、無数の解決を要する問題があった」（阪上 1999：275）。このようにして、工場は労働者に規律を染み込ませていくための、あたかも「学校」のようなものとなっていく。道徳的問題、道徳の改善、道徳化、これらが意味しているのは、まさに規律化であり、労働者の身体に働きかけ、そこから有用性を引き出そうとする、一つのテクノロジーの拡散と浸透なのである。

しかし労働者の道徳化、規律化は、工場のなかだけで完結するわけではもちろんない。というよりもむしろ、工場における規律化は、〈社会〉の全域に拡散し、浸透し、そして充満していく規律の力の一つの例に過ぎない。「民衆の生活全般の監視と規律化が目指されなければならない」（阪上 1999：278）。無秩序な都市空間にさまようひとびとに侵入する犯罪や非行、不潔な住宅での生活に忍び込む病気、飲酒にからむ無軌道な行動など、ひとびとの生活のすべてが、規則的・規律的で、道徳的なものにされなければならない。しかしながら、そのなかで、何よりも道徳化、規律化の特権的な場として重視されたのは、家族であった。家族はすでに触れたように、扶助に際して、訪問や調査の対象となっていたことを思い起こそう。

これらの家庭［貧困家庭］にたいしては、家長権を縮減し、外からの介入によって自助、倹約、子どもの教育、清潔などの社会的規範を浸透させることが重視されるのである。そのなかで、住居、夫婦関係、親子関係、労働（特に母親と子どもの）を中心に、「近代的家族」の輪郭と骨格が徐々に明確になってくる。……それは、近世の貴族とブルジョワのあいだで生まれた、「子どもへの配慮」を中心とする家族感情（アリエス）によって、家族が再編成され、規格化されてゆく過程であった。（阪上 1999 : 281）

いずれ、ジャック・ドンズロ Jacques Donzelot のいう「保護複合体 le complexe tutélaire」、つまり司法、精神医学、教育などによって、家族は取り囲まれていくであろう（Donzelot 1977 : 91–153=1991 : 112–198）。いずれにしても、ここで重要なことは、「道徳」の改善を目指す「規律化の戦略」によって、さまざまなかたちで規律が〈社会〉のなかに拡散し、浸透し、埋め込まれていったということ、あるいはそのことによって、まさに規律が〈社会〉を編成し、秩序づけていったということにほかならない。

5　「社会問題」への対応（2）セキュリティ装置あるいは保険社会

規律による〈社会〉の組織化、すなわち〈社会〉への規律の浸透と拡散が、〈社会〉のあり方の水準で「社会問題」に対応する、第一の戦略であるとすれば、一九世紀の後半にあらわれてくるのは、これと関連しながらも別種の、第二の戦略である。

ことの発端は、規律による組織化、あるいはその背景にあった労働者階級の「道徳化」という戦略のもつ限界、あるいはもっと端的にいえば、そのような戦略が、新しい問題を古い枠組みのなかで解決しようとした「転倒したユートピア」（Castel 1995 : 421＝2012 : 286）でしかなかったというところに求められるだろう。

パトロナージュとパターナリズム［経営者による監督・保護・福利厚生］は、労働条件の不安定性に対して集合的に対処するための、はじめての努力を代表するものであった。それらはまた、最初の体系的なかたちの社会保障を提案するものであった。しかしながらこのような新たな試みは、まさに支配の古い様式から出てきたものである。パトロナージュは、ルイ・ブラン Louis Blanc がみるように、「新しい産業的な秩序を古い農村社会の鋳型に流し込む」、あるいは「進行する都市化とプロレタリア化を隠蔽する」という、不可能な目的を目指すものであった。（Castel 1995 : 420-1＝2012 : 286）

資本主義化のさらなる進展にともなって、労働者階級は団結と闘争を強めていく。それが頂点に達したのは、一八四八年の二月革命であった。しかしながら、社会主義勢力は普通選挙に敗れ、結局のところ、労働者の暴動と徹底的な鎮圧という陰惨な結果に終わっていく。カステルによれば、この失敗によって、もはや革命という選択肢はこの敗北から立ち直ることはできなかった（Castel 1995 :

438=2012 : 300)。

たしかに、一方で、道徳的な規律化は旧来の支配のイデオロギーに貫かれている。他方で、労働者階級の力は確実に増大しているものの、革命という選択肢は宙づりにされている。このような二律背反的な状況のなかで、それに対応する思想として力を増してくるのが「連帯主義 solidarisme」にほかならない。なぜなら、連帯主義こそ、階級に分断された全体を一つの全体として提示しようとする試みにほかならなかったからである。

レオン・ブルジョア Léon Bourgeois に代表される連帯主義の論理的な要諦は、（フイエ Alfred Fouillée にならい）「準契約 quasi-contrat」の概念を使って、契約論的社会観と有機体的社会観、あるいは自由と連帯をと両立させようとするところにある、とされる（田中 2006 : 200; 重田 2010 : 49）。重田園江が指摘しているように（重田 2010 : 43-73）、ブルジョワは、一方で個人の自由な契約という観点を維持しながら、他方で個人がすでに自らに先だってある社会のなかでしか存在しえないという事実（連帯主義にとって重要なのはこのことなのだから）を考慮に入れるために、個人の権利と義務についての遡及的な承認を仮構するという論理的仕組みを考えようとした。少なくともそれによって、われわれがすでに自らに先だってある社会から、さまざまな資源や便益を（そしてまたリスクをも！）受け取っており、いわば「債務」を負っているのであるから、われわれはそうした「債務」を「返済」する義務を負っているということになる。もちろん各人がえている資源や便益（そしてまたリスク）には不平等があるので、返済もまたそれに応じて行われなければならず、理論的にはそこに「準契約」の概念が効いてくることになる。

ここには二つの重要なポイントがあるように思う。まず第一のポイントは、〈社会〉の全体が、全体として便益やリスクを共有しているのだという、連帯主義の中心的な主張である。つまり個人の側からみれば、〈社会〉の一員として存在することのメリットとデメリットの共有である。分業による連帯としての「有機的連帯」という、エミール・デュルケーム Émile Durkheim の議論も、社会思想史的にみれば、それぞれが異なる機能を果たしながら、強く相互依存する全体として〈社会〉を描き出すことによって、連帯主義の主張を根拠づけるものであった。このような連帯主義の主張が、階級対立によって分断されている全体を、あくまで一つの全体として捉える視点を提示しようとするものであったことは明白である。

第二のポイントは、それにもかかわらず、現実には、配分されている便益やリスクに不平等が存在しているということ、いいかえれば、〈社会〉の一員として存在することのメリットとデメリットについては、ひとびとの間に明らかなアンバランスがあるということである。連帯主義の立場からみれば、このような不平等やアンバランスを、いわば相殺するようなかたちで、つまり多くの便益をえており、少ないリスクを負っている者は多くの「返済」を、少ない便益しかえておらず、多くのリスクを負っている者は少ない「返済」をするのが正義であり公正であることになる。しかしながら、現実には、この点にかんして階級間の利害が鋭く対立している以上、もはやこれを仲介するものは国家しかありえないということにならざるをえない。カステルは、これによって国家に新しい役割が与えられたとしている。

レオン・ブルジョワにとって、国家が諸集団の利益を統制する存在であると同時に、「準契約」を保証する者でもあるのは、ひとびとが社会に帰属しているという単純素朴な事実をまぬがれることはないからである。国家は、社会的主体自身が負った債務を執行する者に過ぎない。こうして国家は、「債権者には保証を行い、債務者には弁済を行わせる」力をその手に保持しつつも、正当な個人的利害に対しては、いささかも干渉をおよぼすことはないのである。（Castel 1995：448=2012：307–8）

しだいに国家は、階級をはじめとする、さまざまな集団のあいだの対立を仲介する第三者としての役割を求められていく。このようにして、いわゆる〈社会的〉国家への道が開かれていくのである。

連帯主義にもとづく〈社会的〉国家への道を考えるときに、ポイントとなるのはリスクの概念であり、そしてリスクを社会化するテクノロジーとしての保険である。

フランソワ・エヴァルドFrançois Ewaldによれば、社会問題がまさに〈社会〉の問題であって、個人の問題ではないこと、つまり逆にいえば、個人によって解決されるべき問題ではなくて、〈社会〉という水準において解決されるべき問題として考えられるようになったことは、一九世紀末にみられる、リベラリズム思想の転換と軌を一にしている。それまでは個人の過失であり、個人の責任とされてきた労災・貧困・病気・犯罪などが、これ以降、まさに〈社会的なもの〉と考えられるようになっていく。

かれがとくに注目しているのは、一九世紀後半の工業の大規模化にともなって、大きな社会問題としてあらわれてきた「労働災害 accident du travail」である。

事故・災害はつねに存在した。だがしかし、事故・災害は、一九世紀はじめに労働災害の問題が尖鋭化するやいなや、社会に固有の問題とみなされ、概念的な彫琢と、同時に適切な実践的対策が求められた。……一九世紀末にはじめて、事故・災害の概念は、「偶然的に起こる何ものか」という抽象的な意味を失い、取り戻されるべき損害という表象に結びつけられた。それ以来、事故・災害の概念は、もはやあるタイプのできごとであるばかりでなく、他者との関係の様相を特徴づけるものとなった。(Ewald 1986 : 16=1993 : 16-7)

それまでの基本的な考え方にしたがえば、あらゆる事故・災害 accident と同様に、「労働災害」もまた、不注意や怠慢など、労働者個人の責任に帰せられるべきものであった。しかしながら、このような思考枠組みに大きな変更を余儀なくしたのは、「労働災害」には統計的な規則性があるということ、つまりある労働現場においては、だれがそこで働いているかということとはかかわりなく、ほぼ一定の確率で労働災害が起こるという事実である。エヴァルドによれば、フランスでは、すでに一八六八年にこのような事実が報告されている(Ewald 1986 : 17=1993 : 18)。そうだとすれば、ある労働現場には、その特性に応じて、一定の確率で労働災害が起こる「リスク」が内在しているのではないかということになるし、もはや労働災害をそこではたらく個々の労働者の個人的な行動と責任に帰すことはできない。そうではなくて、むしろそれは、一定の範囲のひとびと population（この場合は、ある種類の労働現場ではたらく労働者たち）の全体にとっての、共有された「リスク」なのであって、たしかに「いつ、だれが」その犠牲になるかはわからないが、かならずある確率で、「いつかは、だれかが」犠牲になることが、まったく確実に予測可能なのである。「事故・災害はつねに個人を襲うものだが、事故・災害のリスクは人口 population に作用する」（Ewald 1991：202-3）。このように規則的に生じる労働災害に対する対処の技術として、「保険 assurance」というテクノロジーがセキュリティの装置として利用されていくことになる。

だがしかし、ここで同時に重要なのは、このようなリスクを〈社会〉全体が負っているという視点である。したがってその「リスク」を負わなければならないのは、少なくともたまたまその職に就いている者たちだけではない。そのような労働環境を与えている工場主から、さらにそのような労働を必要としている（なぜなら〈社会〉は分業にもとづいているのだから）〈社会〉のすべてのひとびとが連帯して、保険という形でその「リスク」に備えなければならない。ここにあるのが保険の思想であり、そこからあらわれてくるのが「保険社会」である。保険によってリスクを分散・社会化し、それによって一定の確率で生じるリスクに備えるという制度である。(7) このような「保険社会」が、二〇世紀の福祉国家の理念へと無理なくつながっていくことはみやすいことであろう。病気・事故・加齢といったさまざまなリスクを〈国家の名のもとに〉〈社会〉全体が担い、連帯する〈社会〉である。

［注］

（1）フーコーのいわゆる「統治性研究」については、米谷（重田）（1996a, 1996b）がすぐれた紹介を行なっている。
（2）ただし、初出の英語版およびそれにもとづいた日本語訳では、「行動を導くこと」という用語は使われていない。
（3）これについては、ミシェル・スネラール Michel Senellart による「講義の位置づけ」のなかでも指摘されている（Foucault 2004 : 406-7=2007 : 475-6）。
（4）ちなみに英訳では、regulatory と訳されているため、réglementation（規制）と régulation（調整）の重要な区別がつかなくなってしまっている。
（5）イギリスについては、いうまでもなく Engels（[1845] 1952=2000）や Polanyi（[1944] 2001=2009）、ドイツについては Ritter（[1989] 2010=1993）などを参照。
（6）この問題については、富永（2005）、とくに第二章を参照。
（7）保険の問題については、重田（2003）の第三章、小幡（2002, 2008）などを参照。

第六章　〈社会〉の編成原理と社会学の問題設定

すでにみたように、フーコーが規律と調整（あるいは統治性）と呼んだ力（生‐権力）は、一九世紀を通して、一方で「道徳化」あるいは「規律化」の戦略によって、他方で「保険」というセキュリティ装置を用いた「連帯化」の戦略とでも呼びうるようなものによって、〈社会〉に浸透し、拡散し、埋め込まれていったと考えることができるだろう。いいかえれば、規律と調整という力が、このような戦略を通して、〈社会〉を編成し、組織化する基本的な原理として作動しはじめたということである。

したがって、一九世紀後半から明確な姿をあらわす社会学にとっても、このような〈社会〉の編成原理の内実を明らかにすることは、重要な課題となっていくはずである。そこで、本章では、ふたたび本来の社会学理論の水準にたち戻ろう。フーコーが規律と調整と呼んだ権力、すなわち〈社会〉を編成し、組織化する力の問題に対して、社会学はそれをどのように扱い、どのように理論化してきたのかということ、具体的にいえば、古典期の社会学を代表するとされている[1]、マックス・ウェーバー Max Weber とエミール・デュルケーム Émile Durkheim を取り上げることによって、かれらの議論のなかで、このような問題がどのように扱われているのかを検討してみたい。たぶん、ウェーバーの議論は、とくに規律の問題に深くかかわっており、しかもわれわれが第一部（とくに第一章）で取り上げた論点とも重なりあいながら、規律の問題をあらためて考えるのに役立つであろう。そしてデュルケームの議論は、とくに調整の問題に深くかかわっており、デュルケームの〈社会〉が、いわば道徳の〈フーコーのいう意味での〉「自然な秩序」にほかならないということが明らかになるだろう。最後に、われわれは、本書の締めくくりを兼ねて、規律と調整という二つの統治の力の関係について考えてみたい。なぜなら、そのことは、われわれが本書の冒頭で取り上げた問題、つまり現代社会の変容と〈社会的なもの〉の運命が、いったいどのような関係にあるのかという問題にかかわっているからである。

1　行為を生成・産出する装置としての規律

ウェーバーが、一貫して「合理化」、あるいはもう少し限定的にいえば「規則による支配」の問題を研究の核としていたことを考えれば、そのような問題関心をそのまま「規律」（化）といいかえてしまうことは、たしかに不可能ではないが、やはり大雑把すぎる感は否めない。[2] ウェーバーにとって、「規律」という概念は、たしかに重要ではあるが、あくまでかれの主要な概念の一つに過ぎない。

ウェーバーが明示的に「規律」について論じているのは、いわゆる「支配 Herrschaft」についての文脈である。たとえば「支配」の定義のなかで、ウェーバーはつぎのように述べている。

支配とは、ある内容の命令に対して、特定のひとびとの服従がえられる可能性 Chance を指す。規律 Disziplin とは、ある命令に対して、訓練された eingeubt 態度にもとづいて、特定の多数者の迅速で、自動的で、型にはまった服従がえられる可能性を指す。（Weber [1922] 1976 : 28=1987 : 82）

ウェーバーはまた、カリスマ的支配とその変形を議論する文脈で、「規律」の特性について、つぎのように規定している。

規律とは、内容的には、受けた命令を徹底的に合理化されたかたちで――すなわち計画的に訓練された、精確な、いっさいの自己の批判を無条件に排除するような仕方で――遂行することと、もっぱらこの目的のみに内面的志向をたゆまず集中すること以外の何ものでもない。さらにこの標識に、命ぜられた行為の画一性という第二の標識がつけ加わる。（Weber [1922] 1976 : 681=1962 : 503）

つまり、ウェーバーのいう規律とは、服従が訓練にもとづいて、迅速化・自動化・定型化することを指している。実際のところ、ウェーバーは、規律の母体・起源が「軍事規律 Kriegsdisziplin」であり、軍隊組織の規律にあるとしている。その原型は、古代の「重装歩兵隊」であり、とりわけ近代的な規律をもった軍隊が、騎士的な個人的戦争様式にとって代わることに注意を促している。

さらにウェーバーは、「規律を教え込む、第二の偉大な教育者は、経済的な大経営である」（Weber [1922] 1976 : 686=1962 : 521）とも指摘している。

近代的・資本主義的工場経営にとっても、「軍事規律 militärische Disziplin」が理想的な模範であるということは、あらためて指摘するまでもない。経営規律は、……完全に合理的な基礎にもとづいており、最適な収益をめざして、何らかの物的生産手段と同様に個々の労働者をも、ますます適切な測定方法を利用して計測するようになっている。それにもとづいて築きあげられた、労働遂行Arbeitleistung の合理的な調教と訓練が、最高の勝利をおさめているのは、周知のように、アメリカ式の「科学的管理法」においてであり、それは経営の機械化と規律化との最終的帰結をもたらしている。（Weber [1922] 1976 : 686=1962 : 522）

つまり、軍事規律にしても経営規律にしても、重要なのはその合理性と、そして訓練や調教にもとづいた服従の自動化だということになるだろう。規律は、カリスマ的支配や伝統的支配においても利用されるが、やはりその本質においては、「個人的な英雄的忘我、恭順 Pietät、指導者の人格への熱狂と帰依、『名誉』の崇拝、『技芸』としての個人的能力の育成に代えて、『訓練』によって機械化された熟練へと『調教』する」（Weber [1922] 1976 : 682=1962 : 504）ことを目指しており、合法的支配の典型たる近代官僚制と強く結びついている。

たしかに、規律とは、身体にある行動や動作を訓練によって染み込ませ、つまり身体を調教し、ある行動や動作をあたかも自動的に行うことができるようにすることには違いない。しかしながら、このようないい方では、訓練・調教することと、服従が自動化することがほとんど同義に使われることになり、いわば同語反復に陥ってしまう。訓練・調教することで、服従が自動化するとはどういうことなのか、どのようなメカニズムによってこのことが可能になるのか、それが可能になる条件は何なのか、といったことがさらに問われないかぎり、訓練が自動化を可能にし、自動化を可能にのが訓練であるという循環的同語反復から逃れられない。

すでに第四章でみたように、フーコーが「規律」という問題の中心に置いているのは、個々の身体の力を最大限に開発し、引き出し、有用なものとすることを目指して、個々の身体にはたらきかけようとする権力のことであった。それは、かつての権力のあり方のように、個々人を抑圧し、何かを禁止する力とは区別され、むしろ何ものかを産出すること、生成することを強要するような力であった。何をしてはならないかではなく、何をしなければならないかを明確に定めること、そして何よりも、そのような方向にむけて、ひとびとを強力に動気づけていくこと、さらに最終的には、そのような動機づけを確実にする人格（主体）、すなわち服従する主体をつくりあげていくこと。フーコーにしたがって、「規律」をこのようなものと考えるなら、ウェーバーの「規律」についての分析に欠けているようにみえるものは、じつはウェーバー自身のべつの議論、というよりも前述の議論の延長上におかれている議論(3)のなかに見てとることができるように思われる。

よく知られている『プロテスタンティズムの倫理と資本主義の精神』（Weber [1920] 1988=1989）で展開された議論には、規律という概念こそそれほど使われてはいないものの、フーコーが規律という概念によって展開した議論と実質的に重なる問題関心と洞察を見てとることができるように思われる。周知のように、ウェーバーの議論の核心は、神の絶対性・超越性を極限まで追求し、その宗教性を極限まで純粋化しようとしたカルヴィニズムの倫理が、資本主義に適合的な「精神」、すなわち資本主義のなかで要求される生活態度と内在的に結びついているという問題であった。

神の絶対性・超越性を極限まで追求することは、その明白な論理的帰結として、「恩恵の選び Gnadenwahl の教説」（Weber [1920] 1988 : 89=1989 : 144）、いわゆる「予定説」と呼ばれる教説を必然的に生みださざるをえない。永遠の生命か、それとも永遠の死滅か、それは神の「恐るべき決断 decretum horribile」によってあらかじめ定められている。人間の行動――善い行いをするか、それとも悪い行いをするか――によって、救済されるのかそれとも救済されないのかが決まるとすれば、それは神の意志を人間の行動が決め、したがって神を人間がコントロールすることになってしまう。それは、絶対的に自由な神の決断と明白に矛盾する。したがって、神から選ばれた者であるのかどうかという個人的運命は、われわれの行動とはいっさい無関係でなければならない。

われわれが知っているのは、人間の一部が救われ、それ以外は永遠の罰にとどまるということだけである。人間の功徳あるいは罪過が、この運命の決定にかかわると考えるのは、永遠の昔から定まっている、神の絶対的に自由な決断を人間の作用によって変更可能であるとみなすことであって、ありうべからざる考えなのだ。……ここでは、あらゆる人間の理解もおよばない、超越的な存在が生成している。それは、永遠の昔から、まったく計り知れない御心にしたがって、あらゆる個々人に運命を割り当て、宇宙のあらゆる細かいことがらを処理しているのである。神の恩恵は、その御心が変わらずに定まっているのだから、それを与えられた者には喪失不可能であり、それを拒絶された者には獲得不可能なのである。（Weber [1920] 1988 : 93=1989 : 153-4）

人間の行動と、救済にかんする神の決断とのあいだには、いっさいの関係があってはならない。さらにいえば、そのような神の御心や決断を理解しようとしたり、知ろうとすることさえも、愚かな試みであるとされる（いわゆる「二重予定説」）。「世俗の『正義』の基準によって、神の至高の定めを推しはかろうとすることは、神の尊厳を損ねるものである。というのも、神のみが自由、すなわちいかなる規則にもしたがわないのであって、神の決断は、神がそれをわれわれに知らせることをよしとするかぎりで、理解したり、そもそも知ることができるだけなのである」（Weber [1920] 1988 : 92-3=1989 : 153）。神と人間のあいだは、無限の距離によって隔てられ、神と人間のあいだのコミュニケーションは完全に遮断されるわけではないにせよ、徹底的に間接化する。

このような絶望的な教説、宗教性を徹底的に純粋化した結果としてあらわれてしまう無神論とでも呼べるような、救いがたい状況に対して、いったいひとびとはどのようにしてそれを耐え忍ぼうとしたのか。ウェーバーによれば、司牧による勧告には、二つのタイプがあったという。第一は、そもそも救いについての疑念や不安をもつこと自体が、信仰の不足の、したがってまた恩恵の不足の結果だとして、そのような疑念や不安そのものを退けるよう義務づけるというもの。これは、たしかに解決の方法といえばいえないことはないが、そもそも解決を要する問題そのものの発生を阻止せよというのだから、問題がすでに生じてしまっているとすれば、あまり解決にはなっていないようにもみえる。むしろ、ここで重要なのは、有名は第二のタイプの勧告であろう。それは、救いそのものと「救いの確証 certitudo salutis」を区別するという仕方で、救いそのものと救いの確証とのあいだに、微妙であるとともに決定的な差異をつくりだすという仕方で問題を解決しようとする、あるいは精確にいえば、問題を差異化し、ずらしていこうとする。つまり、救いを獲得するための手段としてではなく、あくまで救いの確証を獲得するための手段として、絶え間ない職業労働への専心が勧告される。それによって、救いそのものを獲得することはできないけれども、少なくとも救いについての不安に打ち勝ち、救いの確証を獲得することはできるのだ、と。

だから善い行いは、救いを獲得するための手段としては、まったく役に立たないのだが、……それは選ばれていることの印としては、不可欠のものなのである。それは、救いを購いとるためではなく、救いについての不安をとり除くための、技術的な手段なのである。（Weber [1920] 1988：

110=1989 : 185）

たしかに、あらゆる救済財は現世的なものだとするなら（Weber [1920] 1988 : 249=1972 : 52-3）、このことは当然なのかもしれないが、しかし客観的にみれば、やはりここにはある種の「ごまかし」のようなものが入り込んでいるようにもみえる。そもそもカルヴァンによれば、救済に予定されている者であるか否かは、基本的に知りえないはずだし、そのことは「予定説」からの直接的な帰結なのであるから、救いそのものを救いの確証によって置きかえてしまうような考え方は、カルヴァンの教えから決定的に逸脱してしまう危険をはらんでいる。だから、ウェーバーも述べているように、このような微妙であるとともに決定的な区別は、つねに失われてしまう（職業労働に励むことが、救いの確証をえるための手段ではなく、救いそのものを獲得するための手段と考えられてしまう）危険にさらされていた（Weber [1920] 1988 : 110=1989 185）。

　しかしながら、じつはこの微妙であるとともに決定的な区別こそが、資本主義の「精神」という奇異で、まったく新しい行動様式へとつながる第一歩だったというのが、少なくともここでのウェーバーの議論の核心であるように思われる。というのも、一方で救いの確証（職業労働に励むこと）は、もはやすがるものはそれ以外に何もないのだから、それを求めるしかないものとして提示されている。しかしながら他方で、救いの確証を獲得したと思った瞬間に、つまり救いについての不安や疑念を解消したと思った瞬間に、それはたんなる確証に過ぎないものへと姿を変え、それによって新たな不安と疑念を再生産していくからである。その結果、職業労働への専心、あるいは世俗内禁欲による救いの確証の獲得は、くり返し獲得しつづけなければならないものへと変貌していく。いうまでもなく、このくり返しは無限につづかなければならない。原理的に解消することのできない、救いについての不安や疑念と、救いへと一歩ずつ近づいているようにもみえるし、そうでないようにもみえる救いの確証との微妙であるとともに決定的でもある差異こそが、いわば無限へとつづく道を準備し、そしてつくりだしていくのである。

そこで拒否されているのは、その場かぎりの一時的で、一貫しない、変化しやすい、徹底しない、無計画な行動様式であり、逆にそこで求められているのは、原則にしたがった方法的な一貫性であり、一時的ではない継続性であり、計画性であり、例外を許さない徹底性であり、全体として統合されたシステムとしての行動の組織である。そこにあるのは、方法としての規則にしたがって、一貫した行為を規則的に、際限なく産出しつづけ、生成しつづけるような原理的・原則的な態度であり、生活の全領域を、とりわけ職業労働の領域において、このような原理的・原則的な態度を貫くこと、そして世界の徹底した合理化をもたらすこと、これこそが資本主義の「精神」、すなわち資本主義に適合的な生活態度・生活様式へとつながる道筋にほかならない[4]。

2　規律のネガティブな側面とポジティブな側面

方法としての規則にしたがって、一貫した行為を生成・産出すること、このことは、われわれがすでに第一章で確認した、「規則にしたがう」視点や態度に見いだしたものと同一である。「規則を解釈する」視点や態度ではなく、あくまでも「規則にしたがう」視点や態度は、それを方法として用いることによって、行為を生成・産出する装置であった。そうした観点から見直してみると、救いそのものと救いの確証を区別して、この区別がもたらすある種のパラドクスのなかに、無限性へとつづく道を読みとっていくというのは、あたかもクリプキ Saul A. Kripke のいう「懐疑的パラドクス」による論理的な無限背進をいわば逆向きにして、無限に生成される行為の連鎖として未来に向けて投射したようなものだということができるだろう。だとすれば、ここにパラドクスとパラドクスにもとづく無限性の生成（ルーマン Niklas Luhmann の用語法でいえば、まさしく「脱パラドクス化」にほかならない）を見てとることは、かならずしも正しいとはいいきれない。なぜならそれは、あくまで「規則にしたがう」視点や態度ではなく、「規則を解釈する」視点や態度からみえてくるものに過ぎないからである。

だとすれば、ウェーバーが、司牧による第一のタイプの勧告としてとりあげた方法は、たしかにいっけん何の解決にもなっていないようにみえるが、じつは真実をいい当てているのかもしれない。というのもここでは、「規則を解釈する」視点や態度からのみ生じてくる「みせかけの問題」そのものが生じていないからである。「規則にしたがう」視点や態度は、たしかにある種の信仰的な（少なくとも信仰的であるようにみえる）要素を含んでいる。とはいえ、もちろん「規則を解釈する」態度が現実において大きな機能をはたすことは十分に考えられるし、ここで問題になっているのが教養の解釈の問題である以上、あくまで解釈という視点からみれば、パラドクスにもとづく無限性の生成が、救済の利害関心にもとづいて、現実に大きな役割をはたした可能性を否定することはできない。その意味では、ウェーバーのいう二つのタイプの勧告は、いわば二つの視点や態度に相関した勧告であったとみることができるだろう。

いずれにしても、ここでウェーバーが明らかにしているのは、「規則にしたがう」ことが、けっしてネガティブな側面、つまり何かを禁止したり、抑圧したりするという、いわば行為に対する「ブレーキ」の側面にとどまらず――たしかに、かれが「禁欲 Askese」について語っている以上、誤解されやすいが――、むしろポジティブな側面、つまり何か（ここでは職業労働への絶え間ない没入と利潤のあくなき追求だが）を無際限に産出し、生成していくという、いわば行為に対する「アクセル」の側面に注意を向けなれればならないということ、あるいはそのような視点や態度――「規則にしたがう」視点や態度――こそが、資本主義の「精神」を考える際の最も重要で、本質的なポイントであるということにほかならない。

この点についていえば、禁欲の理想そのものや、その手段としての労働にかんして、カルヴィニズムはいっさい新しいものをつけ加えてはいないということ、本当の意味でカルヴィニズムを特徴づけているのは、むしろ禁欲や労働という目標それ自体ではなくて、それに向けた強い「心理学的な起動力 Antrieb」を可能にしたことにあるという、ウェーバーの主張にも注目しておかなければならない。

> ……それ「プロテスタント的な禁欲」が創造したのは、かの「禁欲や労働という」規範に対して、最終的にそれが効力を発揮するかどうかがひとえに依存しているもの、すなわち労働を天職としてとらえ、恩恵を確実にするためにもっとも優れた、しばしば唯一の手段としてとらえることによってもたらされる、心理学的な起動力 Antrieb なのである。（Weber [1920] 1988 : 200=1989 : 360）

このようにして、ウェーバーのいう資本主義の「精神」は、「禁欲」というかれのキーワードとはまったく裏腹に、行為を禁止し、抑圧することを旨とするというよりも、むしろ行為をポジティブに産出し、生成することことを旨とする「規則にしたがう」ことにかかわっており、しかもそこには、行為者の内的な力を刺激し、誘い出し、引き出すことで、規範を有効かつ効率的に作動させるためのさまざまな工夫や装置が含まれているという意味で、フーコーが規律と呼んだ力の問題と大きく重なりあっている。

ところで、タルコット・パーソンズ Talcott Parsons は、このようなウェーバーの問題意識をはたしてどこまで、そしてどのようなかたちで引き継いだといえるのだろうか。たぶんまずは、「行為の準拠枠」における規範的要素の問題として、と考えるのが自然であろう。行為を導く指示・命令は、行為者がそれを「義務の態度」で受け容れるかぎりで、すなわちそれが行為者に「内面化」されるかぎりで、反省的に主題化することのできないもの（つまり「潜在的」なもの）であり、行為を導く規範的要素としてはたらく。それに対して、行為者がそれをあくまで「利害関心的態度」のもとでとらえ、それにしたがうことあるいはしたがわないことの利害にもとづいて判断をくだすような場合には、それは「条件的要素」、すなわち「制度」あるいは「規則」としてはたらく。だとすれば、行為を導く指示・命令が規範的要素としてはたらくかぎりで、つまり行為者に内面化されるかぎりで、行為者はいわばその内奥から、より強く突き動かされるはずである、と。

この図式をウェーバーの議論に当てはめるとどういうことになるだろうか。パーソンズの図式にしたがえば、カルヴィニズムの場合には、ひとびとは職業労働への専心や世俗内禁欲という目標を、かつてよりもより強く「内面化」することができたために、より強く動機づけられたのだ、ということになるのだろうか。たしかにかれらは、神の絶対性・超越性を徹底的に追求したのだから、それだけより強く信仰したといえるかもしれないし、また世俗外禁欲から世俗内禁欲への転換という意味では、より多くの信徒たちが、そのような強い信仰をもちえたと考えることは可能かもしれない。しかしながらそれでもウェーバーの論点はむしろ、ある種の「方法的に一貫した態度」を身につけたということと、救済の不安に突き動かされたということ（これは宗教的な利害関心の問題である）にある。[5] たしかにカルヴィニズムは、神の絶対性・超越性を徹底的に追求したという意味で、より強く教えを「内面化」したといえないわけではない。だがしかし、それがひとびとをより強く突き動かしていくのは、むしろ予定説という装置（救済の不安によってひとびとを突き動かす装置）を経由して、方法的に一貫した態度を身につけたからなのであって、強い信仰心が直接にひとびとを突き動かしたわけではない。

したがってウェーバーの挑んだ謎が、この「心理的な起動力」にあったのだとすれば、それをパーソンズの「行為の準拠枠」へと回収し、内面化された規範的要素へと収斂させることには、決定的な無理がある。ただし、パーソンズの「行為の準拠枠」には、行為の規範的要素と条件的要素を媒介するものとして、「努力 effort」という要因 factor が含まれている（Parsons [1937] 1968 : 719=1979–89 (5) : 122–3）ことにも触れておかなければならないだろう。それは、簡単にいえば、行為の条件的要素を規範的要素にしたがって変更しようとする力、動機づけのことである。ウェーバーの中心的な問題が「心理的な起動力」にあったのだとすれば、パーソンズの枠組みのなかでこれに対応するのは、むしろこの「努力」という要因だというべきだろう。「努力」という要因のいわば強度がいかにしてつくられるのかこそが、ウェーバーの問題であり、また規律の問題であるように思われる。この力の問題、少なくとも規律を考えるさいのもっとも重要な問題は、内面化そのものによってはけっして説明することはできない。

さて、ウェーバーのなかに、行為を生成・産出する装置としての規律、あるいは規律のポジティブな側面が読みとれるのに対して、デュルケームの規律の概念は、あくまでそれとは対照的である。

デュルケームが規律の概念を明示的に定式化しているのは、『道徳教育論』（Durkheim [1925] 1963=2010）においてである。かれは、ここで道徳性を三つの要素から成るものとし、その第一に「規律の精神」を挙げている。ちなみに、第二の要素は「社会集団への愛着 attachement」であり、第三の要素は「道徳の知的な理解 l'intelligence de la morale」である。

まず、道徳とは、何か普遍的な戒律のようなものではなく、さまざまな場面や状況のもとで、行為を導く、経験的なさまざまな規則の総体であるという。そしてそれによって、人間の行動に規則性を与えること、それが道徳の根本的な機能であるとされる。それと同時に、そうした規則が実際に遵守されるためには、何らかの強制力が必要となり、しかもそれが道徳的に行われるためには、その規則は権威をもっていなければならない。このような二つの側面を合わせたもの、つまり権威にもとづいた強制によって、行動の規則性をもたらすもの、これが規律であるということになる。

道徳生活の根底には、規則性への傾向のほかに、道徳的権威の感覚が存在する。しかもこれらの二つの側面は、相互に密接に関連しあっており、それらを包括する、より複雑な概念によって統一される。すなわち、規律の概念がそれである。（Durkheim [1925] 1963 : 27=2010 : 86）

たしかにデュルケームのいう、道徳性の第二の要素（「社会集団への愛着」）には、パーソンズが注目したように、実証主義的立場から理想主義的立場への移行をみることはできる。(6) しかしながら、道徳について、それがもっぱら欲求 besoins や欲望 désir を制限し、抑制するというネガティブな側面においてとらえるという立場に大きな変化はないといってよい。デュルケームにとっては、道徳とは、端的に欲求や欲望に対する、いわば「ブレーキ」のはたらきを果たすものであって、かれの立場がパーソンズのいう理念的・規範的要素を含むようになったからといって、あるいは理想主義的な立場へと移行したからといって、それは変わらない。なぜなら、すでに述べたように、パーソンズのいう規範的要素によっては、規律のもつポジティブな側面、行為を生成し、産出する側面を十分に説明することはできないからである。この点がウェーバーの場合とは対照的である。いわゆる「無限性の病 le mal de l'infini」(Durkheim [1897] 1976 : 304,324=1985 : 337,359) は、デュルケームにとっては、規律によって抑制されるべきものであったが、ウェーバーの視点からみれば、それが労働の無限性であれ、欲望の無限性であれ、むしろまったく反対に、規律によってこそ生成するものであるといわなければならない。[7] 無軌道でむき出しの欲望ほど「当てにならない」ものはない。規律ある欲望――この表現がいかに形容矛盾のようにみえようとも、それによってはじめて、欲望はつぎつぎと、そして予測可能な仕方で再生産される――こそが、生産力の増大に見合う、消費の欲望をはじめてつくりだすのである。[8]

たしかに、規律がデュルケームの強調する「ブレーキ」の側面をもっていることは疑いえない。それはあらゆる規範や規則が、いわば「規制的側面」をもっているということであって、何らかの制限をもたないような規範や規則はありえない。しかしながら、フーコーが法との比較において、規律を考えているかぎりで、たんにそれだけではなく、規範や規則がつくりだす、産出的・生成的でポジティブな側面に注目していることは間違いない。ウェーバーが考えたのは、まさにそのようなポジティブな側面であるといえるだろう。もちろん「無限性の病」(この場合は労働の無限性) に対しては、ウェーバーもまた、それを病理的な現象としてみていたことは間違いないと思われるが。

3　道徳的秩序としての〈社会〉の「自然性」

規律の概念にかんしては、デュルケームの理解は一面的であったように思われるが、デュルケームには、べつの側面がある。それは、フーコーの表現にしたがえば、〈社会〉の「自然性」の認識と関連しており、したがってまた自由主義や統治性の問題ともかかわっているはずである。

周知のように、デュルケームは、『社会分業論』のなかで、社会的連帯を象徴し、反映し、再生産するものとして法を取り上げ、その制裁が抑圧的 répressif か、それとも復原的 restitutif かによって二つに大別する（Durkheim [1983] 1973 : 34=1971 : 70）。抑圧的法に対応する社会的連帯は、「集合意識 conscience collective」によって支えられる「機械的連帯」であり、その集合意識への侵犯によって、抑圧的制裁が課される犯罪が定義される。ここでデュルケームは、犯罪をその内在的な特性によっては明らかにできないもの（Durkheim [1893] 1973 : 37=1971 : 73）、〈社会的なもの〉としての集合意識との関係のなかでしか明らかにできないものとして、重要な第一歩を踏み出したといえる。ただしこの段階では、まだそれは〈社会的なもの〉に相反するものとして、ではあるのだが。

犯罪を〈社会的なもの〉の外側に位置づける考えは、後に放棄される。(9)『社会学的方法の規準』の有名な箇所（第三章）では、犯罪は、異なった角度から「全体」へと関係づけられ、その結果として、〈社会的なもの〉の内部に含まれるものとなっていくであろう。

かれはここで、「正常な normal もの」と「病理的な pathologique もの」の区別にかんして、「正常的類型は平均的類型へと吸収され、健康のこの基準から隔たっているすべてのものは病的 morbide 現象であるということができよう」（Durkheim [1895] 1977 : 56=1978 : 134）と述べている。だがしかし、それは、ある〈社会〉において、平均的にみられる現象が正常であり、そうでない現象が病理的あるいは異常な現象だという意味ではもちろんない。それでは、後にデュルケームが批判するケトレ Adolphe Quételet と同じになってしまうし、デュルケーム自身のその後の議論が意味不明になる。デュルケームがここで、生物学的個体と類比しているのは、〈社会〉の成員としての個人ではなく、あくまで個体としての〈社会〉そのものである。だからデュルケームは、「社会種 espèce sociale」という奇妙な概念を使うことになる。つまり簡単にいえば、ある種に属する複数の〈社会〉に、「平均的」にみられるような現象は「正常」な現象なのであって、そうではない現象は「病的」あるいは「異常」な現象だということである。

したがってまずは、犯罪はどんな〈社会〉にもみられる現象であるからこそ、正常な現象なのだとされる。「犯罪は、あらゆる集合的生活の諸条件と密接に結びついているようであり、これほど明白なかたちで正常性のあらゆる徴候をあらわしている現象もない」（Durkheim [1895] 1977 : 66=1978 : 151）のであって、「犯罪は公共的な健康の一要因であり、健康な社会にとっての不可欠な一部分」（Durkheim

[1895] 1977 : 66=1978 : 152）なのである。

デュルケームによれば、犯罪とは、集合意識を侵害し、それと衝突することなのだから、もし犯罪をなくそうとすれば、集合意識はより大きな力をもたなければならないが、そうすると、今度は集合意識とのより小さな相違が問題視され、新たに「犯罪」とみなされるようになるに過ぎない。もともと「諸個人が多かれ少なかれ集合的類型と相違していない社会はありえないのだから、この相違のなかに、犯罪的な性質をもつものがあることも避けがたい」（Durkheim [1895] 1977 : 69=1978 : 157）のである。それればかりでなく、このような集合的類型との相違（個人の独自性）が減少すること自体が、（環境の変化に応じた）道徳構造の変化の可能性（柔軟性）を奪うことになってしまうし、さらにいえば、「犯罪が、新たな道徳と信念を用意するのに寄与した」（Durkheim [1895] 1977 : 71=1978 : 159）ことすら、歴史的にみればまれではない。したがってデュルケームは、犯罪が必要なものであり、また有用なものでさえあると結論づけることによって、犯罪は〈社会的なもの〉の内部に取り込まれることになる。

ある社会に一定程度の犯罪が起こることは、少なくとも〈社会〉という水準に準拠するかぎり、正常であり、必要であり、有用ですらあるという、デュルケームの主張は、個人という視点からみれば、明らかにリスクであり、現実に起これば損害であり不幸であるようなことがらが、〈社会〉あるいは人口 population という水準からみれば、まったく異なった相のもとにあらわれてくるという認識へと踏み出すものであった。そしてこのような認識を基礎づけているのは、〈社会〉あるいは人口という水準には、独特の秩序、自律的で自生的な秩序、フーコーのいう意味での「自然」な秩序（「社会の自然性」）があるという認識原理であったといってよい。第五章で述べたように、フーコーは、一八世紀になると、「食糧難」は価格統制のような「規制」によってではなく、むしろ市場の「自然」な秩序にしたがって「調整」されるという考え方が主流となったことを明らかにしている。そこでも、たしかに一時的には食糧価格は高騰するので犠牲者は出るのだが、それはやむをえないものというだけではなく、むしろ必要なものとされるのであった。デュルケームが踏み出した歩みが、このような方向に向けたものであることは明白である。

逸脱行動を〈社会的なもの〉の内部的な要素とする見方は、さらに推し進められていく。よく知られているように、『自殺論』（Durkheim [1897] 1976=1985）では、いっけん個人的であるとともに異常なできごとと考えられがちな自殺が取り上げられ、〈社会〉という集合的な水準でとらえられる。それによって、自殺はたんに〈社会的なもの〉の一部というだけではなく、むしろ〈社会的なもの〉の構成的な部分にほかならないという、まったく新しい認識へと到達するだろう。

まずデュルケームは、自殺を「行為者がその結果をわかったうえで、行為者自身の積極的あるいは消極的行為から直接あるいは間接に生じる死」（Durkheim [1897] 1976 : 5=1985 : 22）と定義することによって、[10] 一方で、自殺がふつうにみられるさまざまな行為と切り離された異常なできごとではなく、むしろそれらと連続した、それらの延長線上にあらわれる極端なケースであると位置づける。そして他方で、そのような自殺を個々の現象としてではなく、〈社会〉という集合的な水準でとらえることによって、それが固有の秩序と規則性をもつ、独特の現象としてあらわれることを明らかにする。

> さまざまな自殺のなかに、たんに孤立したできごとをみて、相互に関連なくべつべつに考察されるべきだとするのではなく、一定の期間内に一定の社会で起こる、さまざまな自殺を全体としてとらえるなら、この全体は、独立した単位のたんなる総和、寄せ集められた総計ではなく、それ自体が一種独特の *sui generis* 新しい事実を構成していることがわかる。それは、それ自体で統一性と個性をもち、それゆえ独特の性格 nature を備えており、さらにいえば、それはきわめて社会的な性格 nature なのである。実際に、観察があまり長期間にわたらないかぎり、同一の社会における自殺の数は、ほぼ一定している。（Durkheim [1897] 1976 : 8=1985 : 25）

ある〈社会〉の自殺率は、一般死亡率に劣らず不変性を示すが、一般死亡率は〈社会〉による変異が小さいのに対して、自殺率は〈社会〉によって違いがはっきりしている。したがって「自殺率は、死亡率よりもはるかに各社会集団に固有なものであり、社会集団を特徴づける指標と考えることができる」（Durkheim [1897] 1976 : 13=1985 : 30）。そして自殺率がそれぞれの〈社会〉によって固有であり不変であるからには、それぞれの〈社会〉は一定の自殺への傾向 tendance, prédisposition を備えていることになる。だからデュルケームにとって、社会学が問うべき問題は、このような傾向がいったいどのようにつくりだされているのかという問題なのである。

それに対して、デュルケームが導きだす答えは、以下のようなものである。そのような傾向をつくりだしているのは、〈社会〉の「道徳的な構成 constitution」(Durkheim [1897] 1976 : 336=1985 : 375)であり、具体的にいえば、それは「自己本位主義 égoïsme、集団本意主義 altruisme、アノミーの潮流 courant から構成されている」(Durkheim [1897] 1976 : 336=1985 : 376)。そうした潮流から構成されている道徳のあり方こそが、〈社会的〉と呼びうる力として、それぞれの〈社会〉に固有の自殺への傾向をつくりだしている、というわけである。

周知のように、デュルケームはここで「潮流」と呼ばれている三つの、いわば道徳の構成要素にもとづいて、「自己本位的自殺」「集団本位的自殺」「アノミー的自殺」という三つの自殺の類型[11]を提起するわけだが、ここでわれわれが注目しなければならないのは、これらの道徳の構成要素は、けっしてたんに自殺をひき起こす傾向をつくりだしているだけではないということである。いいかえれば、このような〈社会的〉な力としての「潮流」は、自殺を引き起こす、いわばマイナスの力であると同時に、まさに〈社会〉そのものを構成している、いわばプラスの力、少なくともプラスの力の延長でもあるということだ。マイナスの力とプラスの力はべつべつのものではない。両者は連続しており、ともに一つの力のあらわれ方の違いに過ぎないのであり、その違いは、いわば程度の問題なのである。

たとえば、かつての機械的連帯の〈社会〉であれば、個人は集合意識によって直接的で不可分な仕方で集団や〈社会〉と結びついており、個人の集団に対する従属は〈社会〉そのものの構成原理であったのだから、集団本位的自殺は、〈社会〉の構成原理から直接的に生じるものと考えられる。また「自己本位主義」は、たしかに「人格崇拝 le culte de la personne humaine」(Durkheim 1950 : 84=1974 :

106）とは大きく異なるものの——何よりも、「人格崇拝」は「個々人を同じ思想へと結びつける」（Durkheim [1897] 1976 : 382=1985 : 426）という意味で、有機的連帯の〈社会〉における集合意識と考えられるから——、それでも両者は、分業にもとづく近代社会にとって不可欠な構成要素といえる「個人主義」を共通の土台としている。最後に、「アノミー」でさえも、ひとびとの欲望や野心の解放がそれなりに実現しないかぎり、「進歩」を旨とする近代社会は立ち行かないという意味で、やはり〈社会〉の不可欠な構成要素なのである。

　したがって「自己本位的自殺」や「アノミー的自殺」も、〈社会〉の構成原理そのものの少なくとも延長上にあらわれる災禍なのだということになる。さらにいえば、これらの「潮流」は、〈社会〉全体に均等に配分されているわけではないということにも注意しなければならない。〈社会〉の部分によって、自己本位主義（個人主義）、集団本位主義、アノミーがより強く制度化されやすく、しかもされなければならない領域がある。たとえば、軍隊組織では、今日でも集団本位主義が強く制度されているし、されなければならない、というわけである。

　そうはいっても、たしかにデュルケームは、一九世紀のヨーロッパ全体にみられる、自殺の急減な増加をまえにして、それが「長引けば危険を招きかねないような危機と混乱の状態である」（Durkheim [1897] 1976 : 423=1985 : 471）とし、「日々脅威を増しつつある病理現象である」（Durkheim [1897] 1976 : 424=1985 : 473）と結論づけているし、そもそも、「自己本位主義」や「アノミー」は、それ自身が病理的であるかのような表現が多いことも事実である。しかしながら、それによってデュルケームが踏み出した新しい認識原理を見失ってはならない。自殺は、ひとびとの正常で必然的な行動と連続しており、そのような行動の延長線上にのみ位置づけられるものであり、だからこそ、〈社会〉の水準でみれば、各〈社会〉の道徳的な構成に対応した、固有の自殺率がみられるのであって、それは〈社会〉にとって正常であり、「自然」なことなのである。問題なのは、あくまでもそのような正常で「自然」な自殺率が急激に変動するような場合だけである。

デュルケームが踏み出した歩みは、明らかに集合態のレベルでみると、犯罪や自殺といった逸脱行動が異なった、べつの相のものにあらわれるということである。端的にいえば、それはまったく正常で、「自然」なものとしてあらわれる。しかしデュルケームはこの地点にとどまろうとはしない。さらにデュルケームが解明しようとしたのは、なぜそれが正常で、「自然」なのかという問題であった――かれの答えは、逸脱が社会の構成原理そのものから生じるから、というものであった。この洞察がいかに重要であり、革新的なものであるかは、逸脱行動にかんして、デュルケームの研究を受け継いだとされるレイベリング理論や社会的構築主義の主張と比較してみるだけで、即座に明らかになる。デュルケームの洞察は、逸脱が社会の構成原理そのものから生じるということなのだから、逸脱は、文字通りの強い意味で、「〈社会〉によってつくりだされる」ということにほかならない。それは、かつてデュルケームが主張したように、逸脱は〈社会〉の集合意識に抵触する行動に過ぎないという意味で、「〈社会〉によってつくりだされる」ということではもはやない。したがってまた、こうしたデュルケームの主張を受け継いだとされるレイベリング理論や社会的構築が主張したように、逸脱とは相互行為的・社会的なレイベリングや、社会的な記述や定義づけによってはじめて「つくりだされる」のであって、逸脱それ自身のなかに逸脱としての性質がもともと備わっているわけではない、というような認識もまたはるかに超えている。そうではなくて、逸脱が「〈社会〉によってつくりだされる」というのは、逸脱行動が、まさに〈社会〉によって求められ、必要とされ、ときには強制されさえする、正常で「自然」な行動そのもののなかにこそすでに含まれているのであって、そうした行動のなかに必然的にあらわれるものに過ぎないという意味においてなのである。[12] 逸脱そのもののなかには、けっして逸脱としての性質がもともと備わっているわけではないというのは、デュルケームが到達した地点からみれば、まさにそのような意味に理解されなければならない。

4　〈社会的なもの〉の運命——結びに代えて

デュルケームが「発見」したのは、フーコーのことばを借りれば、まさに人口や〈社会〉の「自然性」であり自律性であったということができるだろう——もちろんそれは、一八世紀の政治経済学が「発見」した市場的秩序とは違って、〈社会〉の道徳（＝ひとびとの生活様式という広い意味での道徳）の独特の秩序としてである、といわなければならない。そうした秩序は、たとえば〈社会〉の自殺率や犯罪率などの、いわゆる「道徳統計」に日にみえるかたちであらわれているし、したがって〈社会〉

は、道徳が織りなす秩序として記述することが可能である。その意味でいえば、デュルケームが展開した議論が、その後の社会学理論の展開のなかで、いわゆる構造－機能主義や社会システム論へと引き継がれていくのは、当然の成り行きであろう。〈社会〉の「自然性」とは、そもそものモデルが政治経済学における市場メカニズムだったのであるから、それに対応する、あるいは市場メカニズムをも包摂するような、社会システムのメカニズムといった方向に議論が進んでいくことは、よい意味でも悪い意味でも、自然なものであったとみることができるだろう。

しかしながら他方で、フーコーが自由主義や統治性の観点から注目していたのは、そのような人口や〈社会〉の「発見」された「自然性」そのものであるというよりも、むしろそれを「発見」していく力、つまりその「自然性」を構成し、保護し、強化し、そして有用なものとしていこうとする力（調整の権力）であり、それを取り囲む制度・装置・戦略・知などの総体としての統治性の側にあったといわなければならない。なかでも、かれは自由を生産することのコストの問題として、セキュリティをとらえ（Foucault 2004b : 66=2008 : 80）、それが自由主義の裏面であると同時に、自由主義の条件でもあることを強調していた（Foucault 2004b : 67=2008 : 80）。

フーコーのセキュリティの概念は、かなり大きな広がりをもっており、そこには市場での自由を確保するための国家によるさまざまな介入から、個人的利害と集合的利害の相違や対立に対して、それぞれの利害をある程度保護することや、事故や病気や加齢などが、個人や社会にとっての危険とならないように保護することまで、多様な内容が含まれている。このようなセキュリティという問題への注目の背景にあるのは、一九世紀末から二〇世紀後半に至るまで、先進諸国を特徴づけていく、福祉国家あるいは〈社会的〉国家の形成へ向う大きな流れ、あるいはもっと一般的にいえば、国家が自由な市場経済や〈社会〉に大きく関与していく国家体制へ向う流れであったことは明らかである。たしかにこのような変容は、国家の市場経済や〈社会〉に対するかかわり方、関与の仕方の変容なのだから、国家のあり方の変容であることはたしかである。しかしながらここでもう一度、フーコーが統治の問題を国家へと回収してしまうことに強く反対していたことを思い出さなければならない。フーコーの統治についての議論のねらいの一つは、まさにこのような思い違いへの挑戦であった。だとすれば、統治を〈社会〉にとって外在的なものとしてみるのではなく、むしろあくまで〈社会〉に内在的なものとして考えていかなければならない。つまり、一方で〈社会〉に内在すると同時に、他方で〈社会〉の「自然性」そのものをつくりだしていく力として、である。だからこそ、われわれは、統治〈規律と調整という二つの力〉が、〈社会〉に浸透し、拡散し、埋め込まれ、それによって〈社会〉を組織化していく力となってきたこと、すなわち〈社会〉の構成的な要素、〈社会〉を編成する原理となってきたことをみてきたのである。

第五章でみたように、福祉国家あるいは〈社会的〉国家の形成へと向う流れに直接的に寄与したのは、一九世紀後半を中心とした「社会的なものの上昇 ascension」（Deleuze [1997] 2005=1991）であり、なかでも調整の力、統治性の台頭であり、もっと具体的にいえば、リスクの概念とセキュリティ装置としての保険の技術であった。とくに「労働災害」の問題は、それが統計的な規則性にしたがっているということ、つまりだれがそこで働いているかということにかかわりなく、ほぼ一定の確率で生じるということを通して、社会保険制度の確立に向けた転換点の役割をはたした。

しかしながら、ダニエル・ドゥフェール Daniel Defert が注目しているのは、そのような過程のなかで、それまで労働者が組織してきた共済／相互性 mutuality が破壊されていったということ、精確にいえば、変質していったということである。かれはそれを「労働者の脱共済化／脱相互化 demutualization」と呼んでいる[13]（Defert 1991 : 212）。なぜなら「保険の加入者たちは、かれらの社会的な共同体を構成することはない」（Defert 1991 : 213）からである。共済活動にともなう、諸個人のふるまい全般にかんする相互的な監視や集合的な規律に代わって、保険技術が台頭する。保険技術は「組合員同士の監視という、内的で集合的な規律を、蓋然性の専門家による洗練された計算によって置きかえた」（Defert 1991 : 230）のであり、その結果として、「保険は、共済主義／相互主義の規律を破壊した」（Defert 1991 : 230）のである。階級をはじめとした、「さまざまな相対立するアソシエーション的な戦術をわきに押しやることによってはじめて、保険という性質をもった、連続的にひとびとを通した serialized 連帯の特殊な形式が確立されうるようになった」（Defert 1991 : 227）。

ここで重要なことは、まず第一に、社会保障制度や福祉国家の端緒となった、リスクの概念や保険技術の台頭は、とりもなおさず「集合的な規律」や「アソシエーション的な戦術」といった規律の戦略から、「人口の新しい、統計学的な管理のモード」（Defert 1991 : 215）としての調整の戦略へ、という重点の移動を示すものであるということである。そして第二に重要なことは、したがって社会保障制度や福祉国家の成立は、ひとびとの規律にもとづいた相互的な関係の組織化を破壊し、ひとびとを諸個人のたんなる集まりとしての人口へと還元していくことでもある、ということだ。

ロベール・カステル Robert Castel もまた、精神医学とソーシャル・ワークにみられる、新しい予防的戦略の進展という文脈から、類似の指摘を行っている。(14) カステルによれば、このような新しい戦略は、「主体あるいは具体的な個人の概念を分解し、その場所に要因、つまりリスク［を生みだす］諸要因の組み合わせを置く」（Castel 1991 : 281）。古典的精神医学にとって、危険 dangerousness の概念は、一方で、主体に内在する性質のあらわれであると同時に、他方でたんなる蓋然性であり不確実な量でもあるというパラドクスを抱え込んでいたが、新しい予防戦略は、そこからリスクの概念を自律化させ、それを「望ましくない行動が起こることを多かれ少なかれ蓋然的にする、諸要因の組み合わせがもたらす効果」（Castel 1991 : 287）と考えるようになった、とされる。

このようなリスク概念の自律化によって、個人であれ、その集まりとしての人口であれ、それらはリスクをもたらす諸要因、すなわちリスクと結びつけられる諸属性の組み合わせによって記述することが可能になるので、それによってリスクの高いひとびとを選り分けることが可能になる。したがってカステルによれば、新しい予防戦略は、新しいタイプの監視を促進する。この監視は、見張る者と見張られる者、保護・監督する者とされる者、ケアする者とされる者などの双方が現前し、接触し、相互的な関係をもつことをもはや必要としない。このような共在 copresence の形式は、古典的な規律の技術にとっては不可欠のものであったが、新しい監視は、主体との接触や直接的な表象さえなしに実践されうる、というのである。

> 介入は、もはやある個人をターゲットとし、矯正したり、罰したり、ケアしたりすることを意味しないし、少なくともそこからはじまることはない。……実際のところ、もはや主体との直接的な関係は存在しない。というのももはや主体が存在しないからだ。新しい予防的政策がまず第一に照準するのは、もはや個人ではなく、要因であり、さまざまな要素の統計的な相関だからである。新しい予防政策は、具体的な主体を解体し、諸要因の組み合わせとして再構築する。それらが目指しているのは、具体的に危険な状況に向かい合うことではなく、危険の侵入のあらゆる可能な形式を予期することなのである。（Castel 1991 : 288）

ドゥフェールやカステルの指摘から明らかになるのは、福祉国家の基礎である社会保険や社会政策のもつ意味である。そこにみられるのは、図式的にいえば、ジル・ドゥルーズ Gilles Deleuze によってすっかり有名になった「管理社会が規律社会にとって代わる」（Deleuze 1990 : 241=1992 : 293）といった構図であり、規律から調整（あるいは管理）へという、〈社会〉の編成・組織化の原理の変容であり、人口を調整し管理しようとする統治性の原理の優位である。そしてそこで指摘されているのは、そうした変容のなかで、統治の対象・焦点が（諸変数とそれらの相関によって記述可能なものとしての）人口へと移行することによって、主体としての具体的個人や、そうした個人が形成する相互的な関係や集団が融合し、それらのリアリティが低下していくということにほかならない。

たしかに、このような変容は、一九世紀末から二〇世紀を通して、そして今日においても、〈社会〉のさまざまな分野や側面において、時間的なずれをともないながら、全般的に進行している変容であるように思われる。したがってドゥフェールの議論が注目しているのは、おもに一九世紀末から二〇世紀にかけての労働をめぐる状況であり、カステルの議論が注目しているのは、二〇世紀後半の医療や福祉の状況である。その意味でいえば、われわれが本書の冒頭で取り上げた、現代の社会変容、すなわちフォーディズムに象徴されるような「組織化された資本主義」の時代から、グローバル化と個人化という両極に引き裂かれていく、流動化した資本主義の時代への変化もまた、規律から調整（あるいは管理）へという、〈社会〉の編成・組織化の原理の変容と重ねあわせて理解することは、基本的に正しいと思う。

ただし問題なのは、そのような変容と、〈社会的なもの〉のありようとその変容がどのように関係しているのか、というところにある。端的にいえば、このような変容をそのまま〈社会的なもの〉の消失や終焉そして死ととらえてよいのかどうか、ということである。たしかにドゥフェールやカステルが述べているように、主体としての具体的な個人や、そうした個人どうしの共在や、相互的な関係性や、集団といったものが融解し、それらは諸要因へと分解され、そうした諸要因の関係性として統治の対象にされるようになってきたのは事実であるように思う。そしてそれはもはや、たんに国家や政治の領域にとどまってはいない。統計学的知識を応用した知識や技術は、世論調査や市場調査（マーケティング）

を超えて、いまやインターネットによる取引にかかわる膨大な顧客情報が分析され、来るべき取引のために活用されるようになっている。そこではたしかにこれまでのような〈社会〉のリアリティは確実に失われつつあるようにみえる。だがしかし、もしそれをそのまま〈社会的なもの〉の融解や消失だとみるなら、はたして規律の力が〈社会〉を組織化し、調整の力が〈社会〉を融解・消失させる、ということなのだろうか。規律と調整という二つの統治の力は、〈社会的なもの〉に対して、正反対に作用するということなのだろうか。そこでは〈社会的なもの〉はどのようなものとして考えられているのだろうか。〈社会的なもの〉は「規律的なもの」のことなのだろうか。

たしかに、われわれの出発点も、まずは〈社会的なもの〉を「規律的なもの」と考えるところにあった（第二部第四章）。しかし、そこからわれわれがフーコーとともにみてきたのは、むしろ統治性の問題（つまり調整あるいは管理の問題）であり、国家の統治性化という文脈で、〈社会〉や〈社会的なもの〉が成立してくるプロセスであった。したがって少なくとも、調整の力は、〈社会〉を編成し、組織化する力であると考えなければならないし、実際に、一九世紀末から二〇世紀へと引き継がれていく福祉国家・社会的国家への道を準備したのは、まさにこの調整の力の側面なのであった。だとすれば、あくまで規律と調整という統治の力は、はじめから〈社会〉の基底にあるのであって、したがって〈社会的なもの〉とはこのような統治の力そのものだといってもよいだろう。

たぶん、われわれはつぎのように考えるべきなのだろう。福祉国家あるいは〈社会的〉国家の形成は――あるいはそれを混合経済や修正資本主義の体制といってもよいし、「組織された資本主義」の〈社会〉と呼んでもよい——、一方でひとびとを階級や共同体的集団を横断する、均一で平等な諸個人へと分解し、つまりある意味でそのような諸個人へと分断すると同時に、他方でまさにそのことを通して、そうした諸個人の集まり（＝人口）として、ひとびとを統合し連帯させることを可能にしたのだと考えなければならない、ということである。つまり、ひとびとを多様であるとともに共通の尺度や枠組みによって規定可能な存在へと分解していくこと——このような操作は、われわれがまさに規律という力の根本的な操作としてみてきたものである——、このことは、そのようにして「主体化」された諸個人の集まりとしての人口を、統治性の原理にもとづいて、調整・管理（そしてもちろんセキュリティを保障）するための前提条件にほかならないということである。統治の原理としての規律と調整（あるいは管理）、〈社会〉を編成し、組織化していく原理としての規律と調整（あるいは管理）、この両者は、あくまでも表裏一体を成しているのであって、その意味では、単純に「規律から管理へ」というような移行や交代としてとらえられるものではない。この両者は、けっして相互に排除的なものではないし、独立に存立するものでもなく、むしろ相互に前提としあうような関係にあると考えなければならない。

したがって、「規律の時代」に確固たる〈社会〉があり、「管理の時代」に〈社会〉が融解しているわけではないし、福祉国家あるいは〈社会的〉国家の時代に〈社会的なもの〉が確立し、経済のグローバル化にもとづく福祉国家の危機とともに、〈社会的なもの〉の終焉や死が訪れたわけでもない。もちろん、いつの時代も〈社会〉や〈社会的なもの〉は安泰だなどといっているのではけっしてない。まったく正反対である。もし〈社会〉や〈社会的なもの〉の危機や終焉が本当にあるとするなら、それはいまにはじまったことではないのだ。むしろ、危機や終焉は、〈社会〉や〈社会的なもの〉が誕生したそのときから、つねにすでに自らのなかに織り込まれていたといわなければならない。〈社会的なもの〉は、すでにはじめから、統治と分ちがたく結びつき、〈社会〉は統治によって組織化されてきたというのは、そういうことである。「自然」なものとして構成された〈社会〉ではなくて、むしろそれを構成していく力にあくまで照準しようとするかぎり、われわれは〈社会〉や〈社会的なもの〉にまとわりつく、このようなパラドキシカルな運命をつねに念頭においておかなければならない。

したがって、われわれがみてきた〈社会的なもの〉の運命とは、いまや〈社会的なもの〉が危機にあり、失われようとしているという運命ではない。そうではなくて、いまや危機にあり、失われようとしているかのようにみえる〈社会的なもの〉のありようが、じつは〈社会的なもの〉の本来のありようでしかないという運命のことなのである。

[注]

（1）ただし、古典期の社会学をウェーバーとデュルケームによって代表させるという見方は、パーソンズ（Parsons 1937=1974-89）の強い影響によって形成された「通説」であると思われる。とくにウェーバーについては、そのことがあてはまる（厚東 2011：226-32）。ただし、ここではかならずしも社会学史を論ずることが目的ではないので、この問題はわきにおいておくことにする。

（2）たとえば、Breuer（1978=1986）を参照。規律の概念を厳密にとらえたうえで、ウェーバーとフーコーを比較したものとしては、姜尚中（1996）の第一章「規律と支配する知」を参照。またウェーバーとフーコーの関係については、Gordon（1987）も参照。

（3）安藤英治が述べているように、内容的にみれば、規律概念が含まれる、カリスマの日常化についての議論は、つづく「政治的支配と教権制支配」を通して、『プロテスタンティズムと資本主義の精神』へとつながっている（安藤 [1965] 1994：282-8）。

（4）もちろんこのような理解は、ウェーバーの議論のごく一部（ただしもっとも重要な一部だと思うが）に照準し、拡張したものである。全体をバランスよく見渡したものとしては、佐藤（1993）を参照。

（5）ここであの有名な「転轍手 Weichensteller」の比喩を想起すべきかもしれない。「人間の行為を直接に支配しているのは、（物質的および観念的な）利害関心であって、理念ではない。しかし『理念』によってつくりだされた『世界像』は、きわめてしばしば転轍手として軌道を決定し、その軌道の上で、利害関心の力学が行為を推し進めたのである」（Weber [1920] 1988：252=1972：58）。

（6）デュルケームははっきりと「われわれは道徳を本質的に理想主義的なものとみている」（Durkheim [1925] 1963：103=2010：218）と述べている。また第三の要素（「道徳の知的な理解」）には、ハーバーマスが注目したように、道徳の合意的な基礎、「道徳の合理化」（Durkheim [1925] 1963：102=2010：217）への視点をみることもできる。

（7）こうした点に注意を促したものとしては、折原（1981 上：105）を参照。

（8）このような点については、田中（1991）を参照。したがって、ついでにいえば、「資本主義の文化的矛盾」（ダニエル・ベル Daniel Bell）や「産業社会の病理」（村上泰亮）といった見方は、かならずしも的を射たものではない。

（9）デュルケームはここで、『社会分業論』における犯罪の位置づけを明示的に転換している。「犯罪者は、もはや根本的に非社会的な存在……ではなく、まさに社会生活の正常な主体としてあらわれる」（Durkheim [1895] 1977 : 71-2=1978 : 160）。

（10）自殺の定義にまつわる、その後のさまざまな展開については、藤原信行（2012）を参照。

（11）デュルケームが第四の類型として「宿命的自殺」について言及していることもよく知られている。その位置づけを含めて、Besnard（1973, 1984=1988）の秀逸な議論を参照。また、厚東（2012b）も参照。

（12）その意味では、「文化的目標と制度的手段の非一貫性」の観点から逸脱行動をみる、よく知られたマートン Robert K. Merton の立場（Merton [1949] 1957 : 131-94=1961 : 121-178）は、アノミー論としてはいかに混乱したものであったとしても（Benard 1978=1988 : 75-128）、このようなデュルケームの到達点をやはり正しく継承しているように思われる。

（13）ドゥフェールの議論の要点を簡潔にまとめたものとしては、小幡（2002 : 138-9）を参照。

（14）カステルの議論の要点を簡潔にまとめたものとしては、酒井（2001 : 163-4）を参照。

参考文献

安藤英治［1965］1994『マックス・ウェーバー研究――エートス問題としての方法論研究』未來社

――― 1992『ウェーバー歴史社会学の出立』未來社

Arendt, Hannah, 1958, *The Human Condition*, Chicago: University of Chicago Press.（= 1994 志水速雄訳『人間の条件』（ちくま学芸文庫）筑摩書房）

Atkinson, J. Maxwell, 1982, "Understanding Formality: Note on the Categorisation and Production of 'Formal' Interaction," *British Journal of Sociology*, 33 : 86-117.

Atkinson, J. Maxwell and John Heritage eds., 1984, *Structures of Social Action: Studies in Conversation Analysis*, Cambridge: Cambridge University Press.

Austin, John L., [1961] 1979, *Philosophical Papers*, Oxford: Oxford University Press.（= 1991 坂本百大監訳『オースティン哲学論文集』勁草書房）

―――, [1962] 1976, *How to Do Things with Words*, Oxford: Oxford University Press.（= 1978 坂本百大訳『言語と行為』大修館書店）

Bauman, Zygmunt, 2001, *The Individualized Society*, Cambridge: Polity Press.（= 2008 澤井敦・菅野博史・鈴木智之訳『個人化社会』青弓社）

Becker, Howard S., 1963, *Outsiders*：*Studies in the Sociology of Deviance*, Glencoe, Ill.：The Free Press.（= 1978 村上直之訳『アウトサイダーズ』新泉社）

Besnard, Philippe, 1973, "Durkheim et les femmes ou le *Suicide* inachevé," *Revue française de Sociologie*, 14 (1) : 27-61.（= 1988 杉山光信・三浦耕吉郎訳『デュルケムと女性、あるいは未完の『自殺論』――アノミー概念の形成と転変』新曜社 1-54.）

――――,1978, "Merton à la recherche de l'anomie," *Revue française de Sociologie*, 19 (1) : 3-38.（= 1988 杉山光信・三浦耕吉郎訳 75-128.）

――――,1984, "Modes d'emploi du 'Suicide' : intégration et régulation dans lathéorie durkeimienne," *L'Année sociologique*, 34 : 127-63.（= 1988 杉山光信・三浦耕吉郎訳 173-219.）

Best, Joel, [1989] 1995, "Constructionism in Context," Joel Best ed., *Image of Issues: Typifying Contemporary Social Problems*, 2nd ed., New York: Aldine de Gruyter, 337-54.

――――, 1993, "But Seriously Folks: The Limitation of the Strict Constructionist Interpretation of Social Problems," James A. Holstein and Gale Miller eds., 129-47.

Billig, Michael, 1999a, "Whose Terms? Whose Ordinariness? Rhetoric and Ideology in Conversation Analysis," *Discourse and Society*, 10 (4) : 543-82.

――――, 1999b, "Conversation Analysis and the Claims of Naivety," *Discourse and Society*, 10 (4) : 572-6.

Boden, Deirdre and Don H. Zimmerman eds., 1991, *Talk and Social Structure: Studies in Ethnomethodology and Conversation Analysis*, Cambridge: Polity Press.

Bogen, David and Michael Lynch, 1993, "Do We Need a General Theory of Social Problems?," James A. Holstein and Gale Miller eds., 213-37.

Breuer, Stefan, 1978, "Die Evolution der Disziplin: Zum Verhältnis von Rationalität und Herrschaft in Max

Webers Theorie der vorrationalen Welt," *Kölner Zeitschrift für Soziologie und Sozialpsychologie*, 30 (3).（= 1986 諸田實・吉田隆訳『規律の進化』未來社）

Burchell, Graham, Colin Gordon and Peter Miller eds., 1991, *The Foucault Effect: Studies in Governmentality*, London: Harvester Wheatsheaf.

Burr, Vivien, 1995, *An Introduction to Social Constructionism*, London: Routledge.（= 1997 田中一彦訳『社会的構築主義への招待』川島書店）

Castel, Robert, 1991, "From dangerousness to risk," Graham Burchell, Colin Gordon and Peter Miller eds., 281–298.

Castel, Robert, 1995, *Les métamorphoses de la question sociale : Une chronique du salariat*, Paris : Librairie Arthème Fayard.（= 2012 前川真行訳『社会問題の変容——賃金労働の年代記』ナカニシヤ出版）

Coulter, Jeff, 1979, *The Social Construction of Mind*, London : Macmillan Press.（= 1998 西阪仰訳『心の社会的構成』新曜社）

———, 1989, *Mind in Action*, Cambridge : Polity Press.

———, 1999, "Discourse and Mind," *Human Studies*, 22 : 163–81.（= 2000 藤守義光訳「談話と心」『文化と社会』2 : 124–48.）

Dean, Mitchell, 1999, *Governmentality: Power and Rule in Modern Society*, London: Sage Publication.

Defert, Daniel, 1991, "'Popular Life' and Insurance Technology," Burchell, Graham, Colin Gordon and Peter Miller eds., 211–33.

Deleuze, Gill, 1990, *Pourpariers : 1972–1990*, Paris: les Édition du Minuit.（= 1992 宮林寛訳『記号と事件

—— 1972-1990年の対話』河出書房新社）

——, [1977] 2005, "Postface: L'ascension du social," Jacques Donzelot, 213-20.（= 宇波彰訳 280-90.）

Derrida, Jacques, 1982, "Signature Event Context", *Margins of Philosophy*, Chicago: The University of Chicago Press.（= 1988 高橋允昭訳「署名　出来事　コンテクスト」『現代思想』16 (6)：12-42.）

Donzelot, Jacques, 1994, *L'invention du social*, Paris : Édition du Seuil.

——, [1977] 2005, *La police des familles*, Paris : les Édition du Minuit.（= 1991 宇波彰訳『家族に介入する社会――近代家族と国家の管理装置』新曜社）

Drew, Paul, 1991, "Asymmetries of Knowledge in Conversational Interaction," Ivana Marková and Klaus Foppa. eds., *Asymmetries in Dialogue*, Hemel Hempstead: Harvester Wheatsheaf.

Drew, Paul and John Heritage eds., 1992a, *Talk at Work: Interaction in Institutional Settings*, Cambridge: Cambridge University Press.

Drew, Paul and John Heritage, 1992b, "Analyzing Talk at Work," Paul Drew and John Heritage eds., 1992a, 3-65.

Durkheim, Émile, [1893] 1973, *De la division du travail social*, Paris: Presses Universitaires de France.（= 1989 井伊玄太郎訳『社会分業論（上・下）』講談社学術文庫；= 1971 田原音和訳『社会分業論』青木書店）

——, [1895] 1977, *Les règles de la méthode sociologique*, Paris: Presses Universitaires de France.（= 1978 宮島喬訳『社会学的方法の規準』岩波文庫）

——, 1897, *Le suicide：etude de sociologie*, Paris：Félix Alcan.（= 1985 宮島喬訳『自殺論』中公文庫）

———, [1897] 1976, *Le suicide: etude de sociologie*, Paris: Presses Universitaires de France.（= 1985 宮島喬訳『自殺論』中公文庫）

———, [1925] 1963, *L'éducation morale*, Paris: Presses Universitaires de France.（= 2010 麻生誠・山村健訳『道徳教育論』講談社学術文庫）

———, 1950, *Leçons de sociologie : physique des mœurs et du droit*, Paris: Presses Universitaires de France.（= 1974 宮島喬・川喜多喬訳『社会学講義』みすず書房）

Edwards, Derek and Jonathan Potter, 1992, *Discursive Psychology*, London: Sage Publications.

Edwards, Derek, 1997, *Discourse and Cognition*, London: Sage Publications.

Edwards, Derek and Jonathan Potter, 2001, "Discursive Psychology," Alec McHoul and Mark Rapley eds., 12-24.

Engels, Friedrich, [1845] 1952, *Die Lage der arbeitenden Klasse in England : nach eigner Anschauung und authentischen Quellen*, Berlin : Dietz Verlag.（=2000 浜林正夫訳『イギリスにおける労働者階級の状態（上・下）』新日本出版社）

Ewald, François, 1986, *L'Etat providence*, Paris : Grasset.（=1993, *Der Vorsorgestaat*, Frankfurt am Main: Suhrkamp.）

———, 1991, "Insurance and risk," Graham Burchell, Colin Gordon and Peter Miller eds., 197–210.

Ferguson, Adam, [1767] 2007, *An Essay on the History of Civil Society*, Teddington : The Echo Library.（= 1948 大道安次郎訳『市民社会史』白日書院）

Foucault, Michel, 1966, *Les mots et les choses: une archeologie des sciences humaines*, Paris: Gallimrd.（= 1974

渡辺一民・佐々木明訳『言葉と物――人文科学の考古学』新潮社）

――――, 1969, *L'archéologie du savoir*, Paris: Gallimrd.（= 1981 中村雄二郎訳『知の考古学』河出書房新社）

――――, 1975, *Surveiller et punir: Naissance de la prison*, Paris: Gallimard.（= 1977 田村俶訳『監獄の誕生』新潮社）

――――, 1976, *Histoire de la sexualité 1: La volonté de savoir*, Paris: Gallimard.（= 1986 渡辺守章訳『性の歴史Ⅰ 知への意志』新潮社）

――――, [1982] 1983, "The Subject and Power," Hurbert L. Dreyfus and Paul Rabinow eds., *Michel Foucault: Beyond Structuralism and Hermeneutics*, Chicago: The University of Chicago Press, 208–26.（= 1996 山形頼洋・鷲田清一ほか訳『ミシェル・フーコー――構造主義と解釈学を超えて』筑摩書房 287–307.）

――――, 1994, "Le sujet et le pouvoir," *Dits et écrits IV*, Paris : Gallimard, 222–43.（= 2001 蓮實重彦・渡辺守章監修『ミシェル・フーコー思考集成Ⅸ』10–32.）

――――, 1997, "*Il faut defender la société*" *: cours au Collège de France (1975–1976)*, Paris : Seuil/Gallimard.（= 2007 石田英敬・小野正嗣訳『社会は防衛しなければならない（ミシェル・フーコー講義集成6）』筑摩書房）

――――, 2004a, *Sécurité, territoire, population: cours au Collège de France (1977–1978)*, Paris: Seuil/Gallimard.（= 2007 高桑和己訳『安全・領土・人口（ミシェル・フーコー講義集成7）』筑摩書房）

――――, 2004b, *Naissance de la biopolitique: cours au Collège de France (1978–1979)*, Paris: Seuil/Gallimard.（= 2008 慎改康之訳『生政治の誕生（ミシェル・フーコー講義集成8）』筑摩書房）

Freud, Sigmund, [1905] 1981, "Drei Abhandlungen zur Sexualtheorie," *Gesammelte Werke*, Bd.5, London: Imago Pub..（= 1997 中山元訳『エロス論集』ちくま学芸文庫）

藤原信行　2012「自殺動機付与／帰属活動の社会学・序説」『現代社会学理論研究』6 : 63–75.

Garfinkel, Harold, 1967, *Studies in Ethnomethodology*, New Jersey: Prentice-Hall.

Garfinkel, Harold and Harvey Sacks, 1970, "On Formal Structures of Practical Actions," John C. McKinney and Edwards A. Tiryakian eds., *Theoretical Sociology: Perspectives and Development*, New York: Meredith Corporation, 337–366.

Gordon, Colin, 1987, "The Soul of the Citizen: Max Weber and Michel Foucault on Rationality and Government," Sam Whimster and Scott Lash eds., *Max Weber, Rationality and Modernity*, London: Allen & Unwin, 293–316.

———, 1991, "Governmental Rationality: An Introduction," Graham Burchell, Colin Gordon and Peter Miller eds., 1–52.

Gove, Walter R. ed., 1975, *The Labelling of Deviance*, Beverly Hills, Calif.: Sage Publications.

Grice, Paul, 1989, *Studies in the Way of Words*, Cambridge, Massachusetts: Harvard University Press.（= 1998 清塚邦彦訳『論理と会話』勁草書房）

Habermas, Jürgen, 1981, *Theorie des kommunikativen Handelns*, Frankfurt am Main: Suhrkamp Verlag.（= 1985–7 河上倫逸・藤沢賢一郎・丸山高司ほか訳『コミュニケイション的行為の理論』未来社）

Harre, Rom, 1999, "The Rediscovery of the Human Mind: The Discursive Approach", *Asian Journal of Social Psychology*, 2: 43–62.

Harre, Rom and Grant Gillett, 1994, *The Discursive Mind*, Thousand Oaks: Sage Publications.

Heritage, John, 1984, *Garfinkel and Ethnomethodology*, Cambridge: Polity Press.

———, 1985, "Analysing News Interviews: Aspects of the Production of Talk for an 'Overhearing' Audience," Teun A.van Dijk ed., *Handbook of Discourse Analysis, Vol.III: Discourse and Dialogue*, London: Academic Press, 95–119.

———, 1997, "Conversation Analysis and Institutional Talk: Analysing Data," David Silverman, *Qualitative Research: Theory, Method and Practice*, London: Sage Publications, 161–82.

Heritage, John and J. Maxwell Atkinson, 1984, "Introduction," J. Maxwell Atkinson and John Heritage eds., 1-15.

Holstein, James A. and Gale Miller eds., 1993, *Reconsidering Social Constructionism: Debates in Social Problems Theory*, New York: Aldine de Gruyter.

Ibarra, Peter R. and John I. Kitsuse, 1993, "Vernacular Constituents of Moral Discourse: An Interactionist Proposal for the Study of Social Problems," James A. Holstein and Gale Miller eds., 25–58.（= 2000 中河伸俊訳「道徳的ディスコースの日常言語的な構成要素」平英美・中河伸俊編 46–104.）

市野川容孝 2006『（思考のフロンティア）社会』岩波書店

市野川容孝・宇城輝人編 2013『社会的なもののために』ナカニシヤ出版

姜尚中 1996『オリエンタリズムの彼方へ』岩波書店

厚東洋輔 2009「問題としての〈社会的なもの〉」関西学院大学社会学部紀要 108: 51–61.

——— 2011『グローバリゼーション・インパクト——同時代認識のための社会学理論』ミネルヴァ書房

——— 2012a「階級の在処としての社会——社会的なものの興亡（その2）」関西学院大学社会学部紀要 114: 139–54.

——— 2012b「デュルケムと『道徳の実証科学』——社会的なものの興亡（その4）」関西学院大学社会学部紀要 115: 65–85.

Kripke, Saul A., 1982, *Wittgenstein on Rules and Private Language*, Cambridge, Massachusetts: Harvard University Press.（= 1983 黒崎宏訳『ウィトゲンシュタインのパラドクス』産業図書）

Levinson, Stephen C., 1983, *Pragmatics*, Cambridge: Cambridge University Press.（= 1990 安井稔・奥田夏子訳『英語語用論』研究社出版）

Lewis, David, 1969, *Convention*, Cambridge, Massachusetts: Harvard University Press.

Luhmann, Niklas, 1970, "Reflexive Mechanismen," *Soziologische Aufklärung* Bd.1, Opladen: Westdeutscher Verlag, 92–112.

———, 1984, *Soziale Systeme: Grundriß einer allgemeinen Theorie*, Frankfurt am Main: Suhrkamp.（= 1993–1995 佐藤勉監訳『社会システム理論（上・下）』恒星社厚生閣）

———, 1985, "Die Autopoiesis des Bewußtseins," *Soziale* Welt, 36 (4)：402–46.

———, 1986, "The Autopoiesis of Social Systems," Felix Geyer and Johannes van der Zouwen eds., *Sociocybernetic Paradoxes*, London: Sage Publications, 172–92.

———, 1988, *Die Wirtschaft der Gesellschaft*, Frankfurt am Main: Suhrkamp.（= 1991 春日淳一訳『社会の経済』文眞堂）

———, 1990, *Wissenschaft der Gesellschaft*, Frankfurt am Main: Suhrkamp.（= 2009 徳安彰訳『社会の科学

1・2』法政大学出版局）

Lynch, Michael, 2000, "Against Reflexivity as an Academic Virture and Source of Priviledged Knowledge," *Theory, Culture and Society*, 17 (3) : 26–54.

Malcolm, Norman, 1986, *Nothing is Hidden*, Oxford: Basil Blackwell.（= 1991 黒崎宏訳『何も隠されていない』産業図書）

McGinn, Colin, 1984, *Wittgenstein on Meaning*, Oxford: Basil Blackwell.（= 1990 植木哲也・野矢茂樹・塚原典央訳『ウィトゲンシュタインの言語論――クリプキに抗して』勁草書房）

McHoul, Alec and Mark Rapley eds., 2001, *How to Analyse Talk in Institutional Settings: A Casebook of Methods*, London: Continuum.

Merton, Robert K., [1949] 1957, *Social Theory and Social Structure*, rev. and enl. ed., Glencoe, Ill.: Free Press.（=1961 森東吾ほか訳『社会理論と社会構造』みすず書房）

Miller, Peter and Nikolas Rose, 2008, *Governing the Present: Administering Economic, Social and Persomal Life*, Cambridge: Polity Press.

中河伸俊 1989–90「クレイム申し立ての社会学――構築主義の社会問題論の構成と展開（上・下）」富山大学教養部紀要（人文・社会科学篇）22 (2) : 57–73, 23 (2) : 49–79.

―――― 1999『社会問題の社会学――構築主義アプローチの新展開』世界思想社

中河伸俊・北澤毅・土井隆義編 2001『社会構築主義のスペクトラム――パースペクティブの現在と可能性』ナカニシヤ出版

西阪仰 1995「順番取りシステム再訪」『言語』24 (7) : 100–5.

――― 1996「差別の語法――「問題」の相互行為的達成」栗原彬編『差別の社会理論』弘文堂 61-76.

――― 1997『相互行為分析という視点（認識と文化13）』金子書房

――― 2001『心と行為――エスノメソドロジーの視点』岩波書店

――― 2008『分散する身体――エスノメソドロジー的相互行為分析の展開』勁草書房

新田義弘・丸山圭三郎・子安宣邦ほか編 1993『岩波講座現代思想４　言語論的転回』岩波書店

野家啓一 1993「ウィトゲンシュタインの衝撃」新田・丸山・子安ほか編 143-81.

小幡正敏 2002「ＡＡＡの高齢者――動員し選別する保険」『現代思想』30 (7) : 133-45.

――― 2008「二階建ての医療――プロイセン・モデルとアメリカ・モデルの間に」『現代思想』36 (2) : 192-203.

――― 2012「ポーパリズムの統治」『現代思想』40 (11) : 228-37.

落合仁司 1987『保守主義の社会理論』勁草書房

岡田光弘 2001「構築主義とエスノメソドロジー研究のロジック」中河・北澤・土井編 26-42.

重田園江 2003『フーコーの穴――統計学と統治の現在』木鐸社

――― 2010『連帯の哲学Ⅰ』勁草書房

折原浩 1981『デュルケームとウェーバー（上・下）』三一書房

Parker, Ian, 1992, *Discourse Dynamics*, London: Routledge.

Parsons,Talcott, [1937] 1968, *The Structure of Social Action*, New York: The Free Press.（= 1974-89 稲上毅・厚東洋輔・溝部明男訳『社会的行為の構造』木鐸社）

―――, [1964] 1970, *Social Structure and Personality*, London: The Free Press.（= 1973 武田良三監訳『社

会構造とパーソナリティ』新泉社）

———, 1977, *Social Systems and the Evolution of Action Theory*, New York: The Free Press.

Parsons, Talcott, Robert F. Bales and Edward A. Shils, [1953] 1981, *Working Papers in the Theory of Action*, Westport, Connecticut: Greenwood Press.

Polanyi, Karl, [1944] 2001, *The Great Transformation : The Political and Economic Origins of Our Time*, Boston : Bacon Press.（= 2009 野口建彦・栖原学訳『大転換――市場社会の形成と崩壊』東洋経済新報社）

Polanyi, Michael, [1966] 1983, *The Tacit Dimension*, Gloucester, Massachusetts: Peter Smith.（= 1980 伊藤敬三訳『暗黙知の次元』紀伊国屋書店）

———, 1962, *Personal Knowledge*, Chicago: The University of Chicago Press.（= 1985 長尾史郎訳『個人的知識』ハーベスト社）

Pollner, Melvin,1974, "Sociological and Common Sense Models of the Labeling Process," Roy Turner ed., *Ethnomethodology*, Middlesex: Penguin, 27–40.

———, 1978, "Constitutive and Mundane Versions of Labeling Theory," *Human Studies*, 1 : 285–304.

———, 1993, "The Reflectivity of Constructionism and the Construction of Reflexivity," James A. Holstein and Gale Miller eds., 199–212.

Potter, Jonathan, 1996, *Representing Reality: Discourse, Rhetoric and Social Construction*, London: Sage Publications.

Récanati, François, 1979, *La transparence et l'énonciation*, Paris: Éditions du Seuil.（= 1982 菅野盾樹訳『ことと

ばの運命』新曜社）

Riedel, Manfred, 1975, "Gesellschaft, bürgerliche," Otto Brunner, Werner Conze and Reinhart Koselleck hrsg., *Geschichtliche Grundbegriffe: Histrisches Lexikon zur politisch-sozialen Sprache in Deutschland*, Bd.2, Stuttgart: Klett-Cotta, 719-800.（= 1990 河上倫逸・常俊宗三郎訳『市民社会の概念史』以文社）

Ritter, Gerhard A., [1989] 2010, *Der Sozialstaat：Entstehuhg und Entwicklung im internationalen Vergleich*, München：Oldenbourg Verlag.（= 1993 木谷勤ほか訳『社会国家――その成立と発展』晃洋書房）

Rorty, Richard, 1982, *Consequences of Pragmatism (Essays: 1972-1980)*, Minneapolis: University of Minnesota Press.（= 1985 室井尚ほか訳『哲学の脱構築――プラグマティズムの帰結』御茶の水書房）

―――― ed., 1967, *The Linguistic Turn: Essays in Philosophical Method*, Chicago: University of Chicago Press.

Rose, Nikolas, 1999, *Power of Freedom: Reframing Political Thought*, Cambridge：Cambridge University Press.

Ryle, Gilbert, [1949] 1984, *The Concept of Mind*, Chicago：The University of Chicago Press.（= 1987 坂本百大・宮下治子・服部裕幸訳『心の概念』みすず書房）

Sacks, Harvey, 1972, "An Initial Investigation of the Usability of Conversational Data for Doing Sociology," David Sudnow ed., 1972, *Studies in Social Interaction*, New York: The Free Press, 31-74.（= 1989 北澤裕・西阪仰訳「会話データーの利用法」北澤・西阪訳『日常性の解剖学』マルジュ社 93-173.）

Sacks, Harvey, Emanuel A. Schegloff and Gail Jefferson, 1978, "A Simplest Systematics for the Organization of Turn Taking for Conversation," Jim N. Schenkein, ed., 7-55.

斎藤毅 1977『明治のことば――文明開化と日本語』講談社
才津芳昭 1993「測ることと試すこと――心理テストの誕生」『現代思想』21 (12)：224–39.
阪上孝 1999『近代的統治の誕生――人口・世論・家族』岩波書店
酒井隆史 2001『自由論――現在性の系譜学』青土社
佐藤俊樹 1993『近代・組織・資本主義――日本と西欧における近代の地平』ミネルヴァ書房
Schegloff, Emanuel A., 1987, "Between Micro and Macro: Contexts and Other Connections," Jeffrey C. Alexander, Bernhard Giesen, Richard Münch and Niel J. Smelser eds., *The Micro-Macro Link*, California: University of California Press, 207–34. (= 1998 石井幸夫ほか訳『ミクロ－マクロ・リンクの社会理論』新泉社 139–78.)
———, 1991, "Reflections on Talk and Social Structure," Deirdre Boden and Don H. Zimmerman eds., 44–70.
———, 1992, "On Talk and Its Institutional Occasions," Paul Drew and John Heritage eds., 1992a, 101–34.
———, 1997, "Whose Text? Whose Context?," *Discourse and Society*, 8 (2) : 165–87.
———, 1998, "Reply to Wetherell," *Discourse and Society*, 9 (3) : 413–6.
———, 1999a, " 'Schegloff's Texts' as 'Billig's Data': A Critical Reply," *Discourse and Society*, 10 (4) : 558–72.
———, 1999b, "Naïvete vs Sophistication or Discipline vs Self-indulgence: A Rejoinder to Billig," *Discourse and Society*, 10 (4) : 577–82.
Schenkein, Jim N., ed., 1978, *Studies in the Organization of Conversation*, New York: Academic Press.

Schutz, Alfred, 1970, *Reflections on the Problem of Relevance*, New Haven: Yale University Press.（= 1996 那須壽ほか『生活世界の構成――レリヴァンスの現象学』マルジュ社）
――――, 1971, *Collected Papers I*, Dordrecht: Kluwer Academic Publishers.（= 1983 渡部光・那須壽・西原和久訳『社会的現実の問題［I］』マルジュ社）
Searl, John R., [1969] 1985, *Speech Acts*, Cambridge : Cambridge University Press.（= 1986 坂本百大・土屋俊訳『言語行為』勁草書房）
渋谷望 2003『魂の労働――ネオリベラリズムの権力論』青土社
Strawson, Peter Frederick, 1950, "On Referring," *Mind*, 59 : 320–44.（= 1987 坂本百大編『現代哲学論文集Ⅱ』勁草書房）
Smith, Adam, [1776] 1986, *The Wealth of Nations*, London: Penguin Books.（= 2010 大河内一男監訳『国富論Ⅰ～Ⅳ』中公クラシックス）
Spector, Malcolm and John I. Kitsuse, 1987, *Constructing Social Problem*, New York: Aldine de Gruyter.（= 1990 村上直之・中河伸俊・森俊太訳『社会問題の構築――ラベリング理論をこえて』マルジュ社）
Sperber, Dan and Deirdre Wilson, 1986, *Relevance: Communication and Cognition*, Cambridge, Mass.: Harvard University Press.（= 1993 内田聖二ほか訳『関連性理論』研究社出版）
平英美・中河伸俊編 2000『構築主義の社会学』世界思想社
高原基彰 2009『現代日本の転機――「自由」と「安定」のジレンマ』ＮＨＫブックス
高橋和之編 2012『［新版］世界憲法集（第二版）』岩波文庫
竹沢尚一郎 2010『社会とは何か――システムからプロセスへ』中公新書

田中耕一 1990a「社会的行為」安藤喜久雄・児玉幹夫編『社会学概論』学文社 19–36.

——— 1990b「不確定性の生成と処理——自己組織的意味構成のメカニズム」土方透編『ルーマン／来るべき知』勁草書房 31–60.

——— 1991「産業社会から消費社会へ？——社会変動と社会システムの自己組織」十時嚴周編『現代の社会変動』慶應通信 59–76.

——— 1993「コミュニケーションと社会システムの理論——N・ルーマン」児玉幹夫編『社会学史の展開』学文社 145–62.

——— 1994「自己言及性の二つの位相——ルーマンとエスノメソドロジー」『社会学史研究』16：15–30.

——— 1999「〈書評〉好井裕明・山田富秋・西阪仰編『会話分析への招待』」『社会学評論』50 (2)：272–4.

——— 2002「規範と心——実践的行為の構造」『関西学院大学社会学部紀要』91：71–85.

——— 2003「再帰性の神話——社会的構築主義の可能性と不可能性」『関西学院大学社会学部紀要』93：93–108.

——— 2004「認知主義の陥穽——言説分析と会話分析」『関西学院大学社会学部紀要』96：121–36.

——— 2006「構築主義論争の帰結——記述主義の呪縛を解くために」中河伸俊・平英美編『新版・構築主義の社会学』世界思想社 214–38.

——— 2007「科学的言説と権力——身体と権力の奇妙な関係と科学的言説」田中・荻野編 183–205.

田中耕一・荻野昌弘編 2007『社会調査と権力——〈社会的なもの〉の危機と社会学』世界思想社

田中拓道 2006『貧困と共和国——社会的連帯の誕生』人文書院

ten Have, Paul, 2001, "Applied Conversation Analysis," Alec McHoul and Mark Rapley eds., 3–11.

富永茂樹 2005『理性の使用——ひとはいかにして市民となるのか』みすず書房

植村邦彦 2010『市民社会とは何か——基本概念の系譜』平凡社新書

上野千鶴子編 2001『構築主義とは何か』勁草書房

宇城輝人 2007「社会的なものへの敵意——『声なき多数派の影に、または社会的なものの終焉』についての覚書き」『現代思想』35 (11)：208-15.

Weber, Max, [1920] 1988, *Gesammelte Aufsätze zur Religionssoziologie*, Bd.1, 9.Auflage, Tübingen: J.C.B.Mohr (Paul Siebeck).（= 1989 大塚久雄訳『プロテスタンティズムの倫理と資本主義の精神』岩波文庫；= 1994 梶山力訳（安藤英治編）『プロテスタンティズムの倫理と資本主義の《精神》』未來社；= 1972 大塚久雄・生松敬三訳『宗教社会学論選』みすず書房；= 1971 木全徳雄訳『儒教と道教』創文社；= 2005 安藤英治・松井秀親ほか訳『宗教・社会論集（ワイド版世界の大思想Ⅲ - 7ウェーバー）』河出書房新社）

———, [1922] 1976, *Wirtschaft und Gesellschaft: Grundriß der verstehenden Soziologie*, 5.Auflage, Tübingen: J.C.B.Mohr (Paul Siebeck).（= 1987 阿閉吉男・内藤莞爾訳『社会学の基礎概念』恒星社厚生閣；= 1962 世良晃志郎訳『支配の社会学Ⅱ』創文社）

———, [1922] 1973, *Gesammelte Aufsätze zur Wissenschaftslehre*, 4.Auflage, Tübingen: J.C.B.Mohr (Paul Siebeck).（= 2005 安藤英治・松井秀親ほか訳『宗教・社会論集（ワイド版世界の大思想Ⅲ - 7ウェーバー）』河出書房新社）

Wetherell, Margaret, 1998, "Positioning and Interpretative Repertoires: Conversation Analysis and Post-structuralism in Dialogue," *Discourse and Society*, 9 (3) : 387-412.

Whitehead, Alfred North and Bertrand Russell, [1910] 1962, *Principia Mathematica to *56*, Cambridge: Cambridge University Press.

Wittgenstein, Ludwig, [1953] 1997, *Philosophische Untersuchungen/ Philosophical Investigations*, 2.ed.,Oxford: Blackwell Publishers.（= 1976 藤本隆志訳『哲学探究（ウィトゲンシュタイン全集第８巻）』大修館書店）

Woolgar, Steve and, Dorothy Pawluch, 1985, "Ontological Gerrymandering : The Anatomy of Social Problems Explanations," *Social Problems*, 32 (3) : 214-27.（= 2000 平英美訳「オントロジカル・ゲリマンダリング」平英美・中河伸俊編 18-45.）

山田富秋 1995「会話分析の方法」井上俊ほか編『岩波講座 現代社会学３ 他者・関係・コミュニケーション』岩波書店 121-36.

──── 1999「会話分析を始めよう」好井・山田・西阪編 1-35.

柳父章 1982『翻訳語成立事情』岩波新書

米谷（重田）園江 1996a「ミシェル・フーコーの統治性研究」『思想』870 : 77-105.

──── 1996b「自由主義の統治能力――ミシェル・フーコーのオルド自由主義論」鬼塚雄丞・丸山真人・森政稔編『自由な社会の条件（ライブラリ相関社会科学３）』新世社 196-222.

好井裕明 1999「制度的状況の会話分析」好井・山田・西阪編 36-70.

好井裕明・山田富秋・西阪仰編 1999『会話分析への招待』世界思想社

Zimmerman, Don H. and Deirdre Boden, 1991, "Structure-in-Action: An Introduction," Deirdre Boden and Don H. Zimmerman eds., 3-21.

Zimmerman, Don H. and Melvin Pollner, 1971, "The Everyday as a Phenomenon," Jack D. Douglas ed.,*Understanding Everyday Life*, London: Routledge & Kegan Paul.

Zimmerman, Don H. and Candace West, 1975, "Sex Roles, Interruptions and Silences in Conversation," Barrie Thorne and Nancy Henley eds., *Language and Sex: Difference and Dominance*, Rowley, Mass. : Newbury House Publichers, 105–29.

あとがき

やはり、当初考えていた地点までは到底たどり着かなかったというのが、書き終えた正直な感想である。もっともそれはいつものことで、それはそれでよいと思っているし、ときには方向すらだいぶ違ったものになってしまう。それでも〈社会的〉ということについて、とくに焦点を当てて考えはじめたのは、ずいぶんと昔のこと、二〇年以上もまえのことだったように思う。当時は、エスノメソドロジーやハーバーマスやルーマンなど、いわゆる「相互行為主義」とでも呼べるような議論が盛んで、それまでの「規範主義」的な社会学とは違って、〈社会的〉であるとは、相互行為的であることと同義であるなどと、しだいに考えるようになった――ルーマンを「相互行為主義」というのは無理があるような気もするが、それでもこの視点をおかないとルーマンも理解できないように思う。

しかしこのような見方をすると、〈社会的〉であることは、アーレントのいう「公的」(ヴィトゲンシュタインの「公的」も同様だが)という意味に近くなってしまい、彼女が〈社会的〉という用語をそれとは対照的なものとして使っていることを考えると、いま一つ居心地の悪い思いをしていた――たしかにアーレントの〈社会的〉は、むしろ「経済的」とでもいうべきで、社会学での用法とは異なるものだなどと思いながらも。他方で、その後、いわゆる「福祉国家の危機」のなかに、〈社会的なもの〉の終焉や死を読みとる議論が盛んになるにつれ、そこではひとびとの「生」を保障することが〈社会的なもの〉であると考えることになるので、ますますアーレントのいう〈社会的なもの〉と重なってきて――彼女の〈社会的なもの〉の核にあるのは「生命過程 life process」だから――、以前から感じていた居心地の悪さはかなり決定的なものになっていった。しだいに〈社会的なもの〉を正面から取り上げて考えてみなければならないと思うようになった。本書の背景となっているのは、簡単にいえば、このような事情である。本書がはたしてどこまで〈社会的なもの〉に迫ることができたのかは、自分でもよくわからないが、私自身にとっても、そして「公的」な意味でも、「複雑性の縮減による複雑性の増大」（ルーマン）になることを祈るしかない。

本書の第一章から第四章までは、すでに発表した論文に加筆・修正をくわえたものであり、その原題と初出は以下の通りである。序論、第五章、および第六章は書き下ろしである。

第一章「規範と心――実践的行為の構造」『関西学院大学社会学部紀要』91：71–85.（2002）
第二章「構築主義論争の帰結――記述主義の呪縛を解くために」中河伸俊・平英美編『新版・構築主義の社会学』世界思想社 214–38.（2006）
第三章「認知主義の陥穽――言説分析と会話分析」『関西学院大学社会学部紀要』96：121–36.（2004）
第四章「科学的言説と権力――身体と権力の奇妙な関係と科学的言説」田中耕一・荻野昌弘編『社会調査と権力――〈社会的なもの〉の危機と社会学』世界思想社 183–205.（2007）

ともかく怠惰で飽きっぽい私が、何とかここまでやってくることができたのは、たくさんの方々の支えのおかげである。とくに、故十時嚴周先生（慶應義塾大学）には、議論することや考えることの面白さを教えられ、この道に進むきっかけをつくっていただいた。また、故秋元律郎先生（早稲田大学）は、勝手なことばかりに手を出す私をいつも暖かく見守っていただいた。いまとなっては遅過ぎるが、不肖の弟子でありつづけたことをこの場を借りてお詫びしたい。大学・大学院の先輩や仲間には、たくさんお世話になった。いつも知的な刺激をもらった「言語研究会」や「EMCA研究会」の方々。「ルーマンを読むから」と大学院のゼミに誘っていただいた富永健一先生。まさか関西学院大学社会学部でお会いするとは思ってもみなかった大村英昭先生、厚東洋輔先生には、いつも励ましていただいたことを感謝したい。本書執筆にあたり、厚東先生には、つまらない質問にも丁寧にお答えいただいた。また、山上紀子氏（関西学院大学）、山上浩嗣氏（大阪大学）には、フーコーのフランス語についてご教示いただいた。そして、同僚の宮原浩二郎氏の強い勧めと励ましがなければ、本書を仕上げることはできなかった。そのほかにも、名前を挙げればきりがないが、友人や職場の同僚など、多くの方々に感謝しなければならない。また本書は、二〇一三年度「関西学院大学研究叢書」として出版助成を受けていることも、記して感謝したい。

関西学院大学出版会の田中直哉さん、戸坂美果さんには、本当にお世話になった。ひたすら遅れる原稿を辛抱強く待ってもらい、無理なスケジュールに対応してもらったことに、あらためて感謝したい。

最後に、いつも支えてくれている妻の明代に、ありがとう。そして二人の歳の離れた子どもたちにも。

二〇一四年二月

田中耕一

著者略歴

田中　耕一（たなか こういち）

1955年生まれ
慶応義塾大学法学部政治学科卒業
早稲田大学大学院文学研究科社会学専攻博士後期課程単位取得退学
現　　職　関西学院大学社会学部教授
専　　攻　社会学理論　現代社会論
主要業績　『社会調査と権力――〈社会的なもの〉の危機と社会学』（共編著，世界思想社，2007年）
『新版・構築主義の社会学』（分担執筆，世界思想社，2006年）
「認知主義の陥穽――言説分析と会話分析」（『関西学院大学社会学部紀要』第96号，2004年）
『現代の社会変動』（分担執筆，慶應通信，1992年）
『ルーマン／来るべき知』（分担執筆，勁草書房，1990年）など

関西学院大学研究叢書　第163編

KGUP série 社会文化理論研究
〈社会的なもの〉の運命
実践・言説・規律・統治性

2014年3月31日 初版第一刷発行

著　者　田中耕一

発行者　田中きく代
発行所　関西学院大学出版会
所在地　〒662-0891
兵庫県西宮市上ケ原一番町1-155
電　話　0798-53-7002

印　刷　株式会社クイックス

Printed in Japan by Kwansei Gakuin University Press
ISBN 978-4-86283-156-9

KGUP série

社会文化
理論研究

Sociocultural theory research

KGUP série 社会文化理論研究

シリーズ発刊のことば

このシリーズは、広く人文社会科学の領域全体を視野におさめ、特に理論的・原理的な考察を目指す研究をとりあげて公刊する。ものごとの原理に迫る哲学的・理論的な省察は、時代を超えて重要度を失っていないにもかかわらず、出版物としては即座に役にたつものでも、多くの部数が出ることを期待できるものでもない。だからこそ大学出版会が、学問の原点に帰るこうした試みを後押しし、長い時間と労力をかけた骨太で良質な学術研究を継続的に出版していく意義がある。série〈セリ〉はこの試みがひと続きの連続体をなし、次の世代へと引き継がれていくことを期待して名づけられた。